子ども家庭福祉論

赤木 正典・流王 治郎 編著

八重樫牧子
栗山直人
橋本勇昭
佐伯文和
山川宏夫
浦田雅子
中　典

共著
（執筆順）

建帛社
KENPAKUSHA

は じ め に

　子ども家庭福祉は，子どもに対して行う福祉サービスである。以前は障害児，非行児童や要養護児童，情緒障害児等に対する福祉サービス等，限られた対象に向けたものが中心であった。近年は子どもの健全育成，生み育てやすい社会基盤の整備に向けた施策等，子ども家庭福祉の対象の裾野が広がってきている。最近は，子ども本人だけではなく，子どもが拠り所とする"家庭"への支援が喫緊の課題となっているのである。

　児童福祉法制定以降，70年が経過した今日，産業構造の変化や都市化の進行で，子どもを育てる地域社会の崩壊をはじめ，核家族や留守家庭の増加により家庭の養育機能は著しく低下している。こうした子どもを取り巻く社会環境の変化は，不登校，引きこもり，いじめ，少年非行等の児童問題とも無縁ではない。また，家庭の養育機能の低下は，虐待され被害にあう子どもの増加にもつながり，人権侵害に関する児童問題がますます多くなっている。

　子ども家庭福祉の理念である「子どもが心身ともに，健やかに生まれ育てられる」という文言には，暮らしやすく明るい家庭で，安心して子育てのできる社会を築くという意味が込められている。子どもにとって家庭とは，もっとも身近な環境であり，その家庭の機能が危機的な状況にあるとするならば，そこへ注力していくことが必然の流れといえる。子ども家庭福祉の問題は山積し，様々な社会現象が絡まっているが，子ども家庭福祉関係者，そしてこれから子ども家庭福祉にかかわる方々にはぜひ子どもの"家庭福祉"の向上を目指して取り組んでいただきたい。

　2011（平成23）年度から，保育士養成課程必修科目である「児童福祉」が「児童家庭福祉」とあえて改められた背景には，このように子どもを中心としながらも，家庭ぐるみという視点で福祉サービスを提供していく姿勢が求められている。そして，さらに2019（平成31）年度からは「子ども家庭福祉」の名称に科目名が改められた。本書は，こうした流れを受けて，2011（平成23）年2月初版の『児童家庭福祉論』を改訂・改題して企画・発刊したものである。

本書の執筆者は，大学で保育士養成の教鞭をとる者及び社会福祉士養成大学で「子ども家庭福祉」を担当している先生方であり，保育士，社会福祉士の教材として，最適の書にするため工夫を凝らした。他の関連学部，医療，保健，教育学部，栄養学部の専門職養成のテキストとして利用していただければ幸いである。本書は難解な表現は避け，学生にわかりやすく，大学・短期大学などでテキストとして使用できる内容にした。本書をさらに役立つテキストとして育てていくために，利用される方々から忌憚のないご指摘・ご指導をいただければ幸甚である。

　なお，本書の出版にあたって，建帛社編集部の方々に大変お世話になった。執筆者一同感謝している。

2018年7月

編　　者

目　　次

第1章　現代社会と子ども

第1節　子どもを取り巻く社会状況‥‥‥‥‥‥‥‥‥‥‥‥‥‥‥‥‥‥ 1
1 人口減少社会／1　　**2** 少子高齢社会／4
3 少子高齢社会の問題／7

第2節　子どもを取り巻く社会と家庭状況‥‥‥‥‥‥‥‥‥‥‥‥‥‥ 9
1 子どもを取り巻く社会の変化／9
2 子どもを取り巻く家庭状況／11

第2章　子ども家庭福祉と子ども家庭福祉の歴史

第1節　子ども家庭福祉の理念と概念‥‥‥‥‥‥‥‥‥‥‥‥‥‥‥14
1 子ども家庭福祉の意義／14　　**2** 子ども家庭福祉の理念／17
3 子ども家庭福祉とは何か─その概念─／23

第2節　子どもの権利保障‥‥‥‥‥‥‥‥‥‥‥‥‥‥‥‥‥‥‥‥‥30
1 子どもの権利保障の歴史的変遷／30
2 子どもの権利とは何か／31
3 児童の権利に関する条約／33
4 子どもの人権擁護と現代社会における課題／34

第3節　欧米における子ども家庭福祉の歴史‥‥‥‥‥‥‥‥‥‥‥‥36
1 救貧対策による子どもの救済／36
2 児童保護の成立／39
3 子ども家庭福祉の展開／41

第4節　わが国における子ども家庭福祉の歴史‥‥‥‥‥‥‥‥‥‥‥45
1 江戸時代までの児童救済／45
2 近代の児童保護／47
3 子ども家庭福祉の成立と展開／49

第5節　子ども家庭福祉の先達者‥‥‥‥‥‥‥‥‥‥‥‥‥‥‥‥‥52
1 留岡幸助／52　　**2** 石井十次／53　　**3** 石井亮一／54
4 糸賀一雄／54　　**5** ルソー／55　　**6** オーエン／56
7 バーナード／56　　**8** ペスタロッチ／57　　**9** セガン／58
10 コルチャック／59

iv 目 次

第3章　子ども家庭福祉の法律と実施体制

第1節　子ども家庭福祉に関する法律 ………………………………………62

1 児童福祉法／62　　**2** 児童福祉関係諸法／66

第2節　子ども家庭福祉の実施体制 …………………………………………70

1 子ども家庭福祉の行政機関／70　　**2** 児童福祉審議会／72

3 子ども家庭福祉の実施機関／73

第3節　児童福祉施設 …………………………………………………………78

1 類型別児童福祉施設／78　　**2** 児童福祉施設の種類／80

3 児童福祉施設の設備及び運営に関する基準／87

第4章　子ども家庭福祉の専門職

第1節　子ども家庭福祉の専門職 ……………………………………………89

1 子ども家庭福祉の機関従事者／89

2 子ども家庭福祉の従事者の専門性／90

第2節　子ども家庭福祉機関・施設職員の資格と職務 ……………………92

1 子ども家庭福祉従事者の資格と職務／92

第5章　母子保健と福祉

第1節　母子保健の概要 ……………………………………………………101

1 母子保健の意味／101　　**2** 乳児・妊産婦の死亡率／101

第2節　母子保健の施策 ……………………………………………………103

1 母子保健の実施機関／103　　**2** 母子保健施策／104

3 母子保健活動の事例／106

第6章　子どもの健全育成

第1節　子どもの健全育成の概要 …………………………………………108

1 子どもの健全育成の展開／108　　**2** 子どもの健全育成とは／110

第2節　子どもの健全育成活動の現状 ……………………………………111

1 児童厚生施設の設置運営／111　　**2** 放課後児童健全育成事業／115

3 地域組織活動／116　　**4** 児童文化の普及／118

5 子どもの健全育成の今後の課題／118

第7章　子ども虐待と福祉

第1節　子ども虐待の概要 ……………………………………………121
1 子ども虐待とは何か／121
2 子ども虐待の傾向と死亡事例の分析／123

第2節　子ども虐待問題の施策 ……………………………………126
1 子ども虐待の発見と通告／126
2 児童虐待防止法による虐待通告への対応／127
3 児童虐待防止法の改正による対応の強化／128
4 2016年の児童福祉法の改正による対応の強化／129

第8章　ひとり親家庭の福祉

第1節　ひとり親家庭とは ……………………………………………131
第2節　ひとり親家庭の現状 ……………………………………131
1 母子家庭の現状／131　　2 寡婦の現状／132
3 父子家庭の現状／133

第3節　母子・父子・寡婦家庭の福祉施策 ………………………134
1 施策の概要／134　　2 母子・父子・寡婦家庭の福祉サービス／134

第4節　母子生活支援施設での援助事例 …………………………136
1 母子生活支援施設とは／136
2 母子生活支援施設での援助事例／136

第9章　保育支援と福祉

第1節　子育て支援の概要 ……………………………………………139
1 子育て支援の必要性／139　　2 子育て支援施策／140

第2節　保育支援の福祉施策 ……………………………………142
1 保育サービスの体系／142
2 保育所，幼稚園，認定こども園の比較／143
3 保育所の福祉施策／145

第3節　保育所の現状と課題 ……………………………………146
1 保育所を必要とする子ども／146　　2 保育所の現状と課題／147
3 保育所での事例／148

第10章　社会的養護と福祉

第1節　社会的養護の概要 ……………………………………………………150
1 社会的養護の定義／150　　**2** 社会的養護の分類／150

第2節　子どもの養護と福祉 ………………………………………………151
1 子どもの養護とは／151　　**2** 子どもの養護の現状と課題／152
3 児童養護施設での援助事例／156

第3節　情緒障害児の福祉 …………………………………………………158
1 情緒障害児等の概要／158　　**2** 児童心理治療施設の現状と課題／160
3 施設における指導事例／161

第4節　子どもの自立支援の福祉 …………………………………………162
1 子どもの自立支援の概要／162
2 児童自立支援施設の現状と課題／166
3 学校教育／168　　**4** 児童自立支援施設での支援活動／168

第5節　里親制度の福祉 ……………………………………………………170
1 里親制度の概要／170　　**2** 里親委託の事例／173

第11章　障害児の福祉

第1節　障害児福祉の概要 …………………………………………………175
1 障害児の範囲／175　　**2** 障害児の実態／176

第2節　障害児の福祉 ………………………………………………………176
1 障害児福祉サービスの概要／176　　**2** 障害児福祉サービス／178
3 障害者手帳と経済的負担の軽減／180

第3節　障害児福祉の事例 …………………………………………………182

第12章　子ども家庭福祉の動向と展望

第1節　連携のネットワーク ………………………………………………184
1 支援ネットワークの必要性／184
2 法に基づくネットワーク／186
3 支援ネットワークの意義／189

第2節　子育て支援活動 ……………………………………………………191
1 これまでの少子化対策の経緯／191
2 子育て支援の課題と展望／193

索　　引／194

第1章

現代社会と子ども

第1節　子どもを取り巻く社会状況

1 人口減少社会

　世界の人口は，74.3億人（2016年），年間に7,000万人増え続けている。人口
1億人以上の国は，世界に11か国ある。2016年の調査では，人口の多い国は，
中国（14.0億人），インド（13.2億人），アメリカ合衆国（3.2億人）の順であ
る。日本（1.2億人）は，ロシア（1.4億人）に次いで，10番目に人口の多い国
である。

（1）人口動向

　総務省の住民基本台帳*では，わが国の総人口は約1億2,478万人（2019〔平
成31〕年）である。人口動態の調査がはじまったのは，1899（明治32）年であ
る。以降，人口は増え続け，戦災で多くの死者が出た1945（昭和20）年を除
き，わが国の人口は2004（平成16）年まで増加の一途にあった。

　国勢調査が始まったのは，1920（大正9）年である。当時の人口は，わずか
5,596万人であった。戦災で多くの死者を出した1945（昭和20）年の人口は
7,200万人である。その後，人口は高度経済成長*期の1967（昭和42）年頃に
は，1億人を超えた。

住民基本台帳
　住民基本台帳は，市町村長が住民票を世帯ご
とに編成し，作成した公簿である。住民基本台
帳（住民票）には，氏名，生年月日，性別，住
所等が記載されている。

高度経済成長
　高度経済成長とは，経済規模が飛躍的に拡大
することである。わが国は朝鮮戦争による特需
で経済復興し，1960年代の経済成長が年平均
10%を超えるという好景気が続き，国民の生活
様式や意識が大きく変わった。

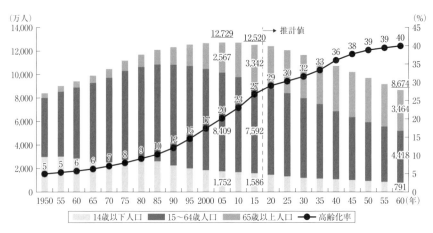

図1－1　人口減少社会の到来

（資料）2015年までは総務省「国勢調査」（年齢不詳人口を除く），2020年以降は国立社会保障・人口問題研究所「日本の将来推計人口（平成24年1月推計）」
（出典）総務省：情報通信白書平成28年版，p.2，2016

　人口は毎年増え続け，2004（平成16）年には1億2,779万人に達した。しかし，2005（平成17）年以降，わが国の人口は減少に転じ，前年より2.1万人少ない，1億2,776万人（出生数は106.2万人に対し，死亡数108.3万人）に減少した。その後，2019（平成31）年には，人口1億2,478万人（出生者数は，92.1万人に対し，死亡者数136.4万人）に減少している。2019（平成31）年は出生者数より死亡者数は，約44万人多く，過去最大の自然減少を記録し，わが国の人口は減少の一途にある（図1－1，ただし年齢不詳人口を除いているため本文とは数値が若干異なる，およびp.7 表1－2）。

（2）出生率の低下

　合計特殊出生率*は，出生数の動向をみる指標に用いられている。戦後，合

合計特殊出生率
　合計特殊出生率は，15歳から49歳までの女子の年齢別出生率を合計したものであり，1人の女性がその年次の年齢別出生率で，一生の間に生むとした時の，子ども数である。

計特殊出生率の高い時期が2回あった。最初は，終戦を迎えた時期である。終戦で海外からの引揚者や帰国兵の結婚ラッシュがみられた1947（昭和22）年頃は，年間の出生数260万人を超える第1次ベビーブーム期を迎えた（図1－2）。

合計特殊出生率は，4.32の高率であったが，1949（昭和24）年頃から出生率は下降傾向をたどり，第2次ベビーブーム期までは合計特殊出生率2.1前後で推移していた。

第2次ベビーブームは，第1次ベビーブーム期に生まれた子女が，適齢期を迎えた1972（昭和47）年頃である。年間の出生数200万人を超える第2次ベビーブーム期を迎え，合計特殊出生率も2.14までに回復した。

その後，出生率はずっと下降し続け，合計特殊出生率が2.0を下回ったのは，1975（昭和50）年である。以降，2.0以上の回復は一度もなく，最近の合計特殊出生率は1.43前後で推移している。

今後，この数値で推移すると2046年には人口1億人を割り，1965（昭和40）年頃の人口と同じ9,938万人になる。国立社会保障・人口問題研究所*は，2060年の人口は8,674万人になると推計している（図1－1）。

合計特殊出生率の低下は，日本のみでなく先進国が抱えている共通の問題で

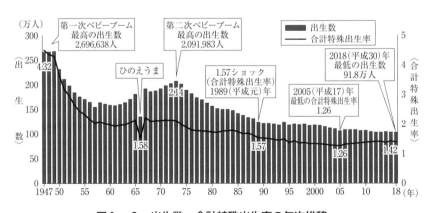

図1－2　出生数・合計特殊出生率の年次推移

（資料）厚生労働省「人口動態統計」
（出典）厚生労働統計協会：国民衛生の動向2019/2020，p.56，2019

4　第1章　現代社会と子ども

もある（表1—1）。

表1—1　先進諸国における合計特殊出生率の推移

	日本	アメリカ	フランス	ドイツ	イタリア
1950年 （昭和25）	3.65	3.02	2.92	2.05 （1951年）	2.52
1970年 （昭和45）	2.13	2.44	2.47	2.03	2.43
1980年 （昭和55）	1.75	1.84	1.99	1.56	1.62
1990年 （平成2）	1.54	2.08	1.78	1.45	1.36
2000年 （平成12）	1.36	2.06	1.88	1.38	1.26
2015年 （平成27）	1.45	1.84	2.00 （2012年）	1.50	1.35

（資料）国立社会保障・人口問題研究所「人口統計資料集」2018

2 少子高齢社会

（1）少子高齢社会

　少子化の原因である出生率の低下は，女性の社会進出，晩婚化，子どもの教育費に対する経済負担の増大等が要因である。一方，高齢化は，保健衛生の向上や医学の進歩，医療体制の充実等で平均寿命の伸長が要因である。

　1945（昭和20）年頃は，人生50年であった。その後，平均寿命は年々伸長し，2017（平成29）年の平均寿命は「男性81.09歳，女性87.26歳」と公表された。男女ともに世界トップクラスの長寿国である。

　少子高齢社会は，子どもの減少に対し，高齢者が増加することである。出生率が高い1960（昭和35）年頃は，若年者が多く高齢者の少ない「ピラミッド

国立社会保障・人口問題研究所
　厚生労働省に設置された政策研究機関である。日本の人口動向による社会経済的背景を分析し，年金，医療，介護等の社会保障に関する科学的分析を行っている。

第1節　子どもを取り巻く社会状況　5

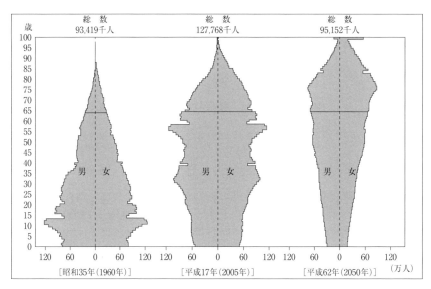

図1—3　人口ピラミッドの過去と将来

（出典）日本子ども家庭総合研究所編：日本子ども資料年鑑，中央出版，p.27，2007（一部改変）

型」の人口構造であった（図1—3）。

2005（平成17）年頃は，第1次ベビーブームの60歳代，第2次ベビーブームの30歳代の人口が多い「ひょうたん型」の人口構造になっている。今後も少子高齢化は進行し，2050年頃は，若年者が少なく高齢者の多い「つぼ型」の人口構造となり，典型的な少子高齢社会となる。

（2）少子化の動向

厚生労働省の人口動態統計*では，1950（昭和25）年頃の出生数は233万人であったが，1980（昭和55）年の出生数は157万人に減少している。出生数は，その後も合計特殊出生率の低下に加え，婚姻件数の減少や離婚件数の増加が続

人口動態統計
　人口動態統計は，人口動態の事象を把握し，厚生労働行政施策の基礎資料にしている。調査は毎年（1月1日～12月31日）実施し，市区町村長は出生，死亡，婚姻，離婚および死産等，住民の届出に基づいて人口動態調査票を作成している。

き，2018（平成30）年の出生数は約92万人になっている（表1－2）。

少子高齢社会は，年少人口（0～14歳），生産年齢人口（15～64歳）の割合が減少し，老年人口（65歳以上）が増大することである（図1－4）。

1955（昭和30）年頃の年齢構成は，年少人口は33%，生産年齢人口は62%，老年人口は5%前後であった。30年後の1985（昭和60）年頃は，年少人口は22%に減少し，生産年齢人口は68%，老年人口は10%に倍増し，少子高齢化が緩やかに進行していた。1997（平成9）年には，ついに年少人口が老年人口を下回り，少子高齢社会を迎えることになった。

国立社会保障・人口問題研究所の「日本の将来推計人口（平成29年推計）」では，2025年の年少人口は11.5%，老年人口30.0%と開きが拡大し，2055年

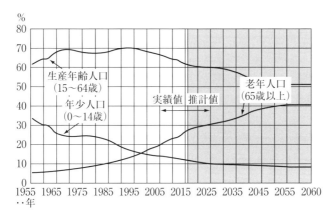

図1－4　人口構成割合の推移

（資料）総務省統計局「国勢調査報告」，2016年以降は国立社会保障・人口問題研究所「日本の将来推計人口（平成29年推計）」
（出典）厚生労働統計協会：国民衛生の動向2017 2018, p.51, 2017より作図

第1節　子どもを取り巻く社会状況　　7

表1－2　出生数，死亡数，婚姻件数，離婚件数の推移

区　分	出生数	死亡数	婚姻件数	離婚件数
1950年（昭和25）	2,337,507	904,876	715,081	83,689
1970年（昭和45）	1,934,239	712,962	1,029,405	95,937
1990年（平成2）	1,221,585	820,305	722,138	157,608
1995年（平成7）	1,187,064	922,139	791,888	199,016
2000年（平成12）	1,190,547	961,653	798,138	264,246
2005年（平成17）	1,062,530	1,083,796	714,265	261,917
2010年（平成22）	1,071,304	1,197,012	700,214	251,378
2015年（平成27）	1,005,677	1,290,444	635,156	226,215
2018年（平成30）	918,397	1,362,482	586,438	208,333

（資料）厚生労働省政策統括官人口動態保健社会統計室

は，年少人口10.4％に対し，老年人口は38.0％に達するものと推測されている。

　わが国は今後，経済活動の低下，高齢化率*の上昇による高齢者の介護問題，世代間連鎖による社会保障制度*の問題等が，深刻な社会問題に発展するものと思われる。

3 少子高齢社会の問題

　少子化が進む原因は，多種多様である。少子化は，消費者人口の減少や労働者人口の減少を意味し，労働生産性は低下し，消費活動の低下を招き，経済的活力の鈍化が懸念される一方，介護，年金，医療費等の増大から社会保障制度に不安を抱く国民が多くなっている。

　ピラミッド型社会の1970（昭和45）年頃は，高齢化率5.7％（人口の17.1人

高齢化率
　高齢化率は，65歳以上の高齢者が，総人口に占める割合である。「高齢化社会」とは，高齢化率が7％以上の社会のことである。また，高齢化率が14％を超えると「高齢社会」，21％を超えると「超高齢社会」という。

社会保障制度
　社会保障制度は，疾病，負傷，分娩，廃疾，死亡，老齢，失業等による困窮に対して，保険的方法または公的負担で経済的保障を講じ，最低限度の生活を保障し，すべての国民が文化的な生活の営みができる制度である。

8 第1章 現代社会と子ども

に対し，1人が高齢者）であった。この時代は，社会保障制度に不安を抱く国民は少なかった。2005（平成17）年の高齢化率は20.1%（人口の4.9人に対し，1人が高齢者）に達し，2015（平成27）年の高齢比率は26.7%で高齢者の介護・年金・医療等が深刻な社会問題になっている。今後，高齢化率はさらに進行し，2035年には，高齢化率32.8%（人口の3.0人に対し，1人が高齢者）に達し，少子高齢社会の典型的な「つぼ型の社会」を迎える。

　わが国の社会保障制度は，若い世代が高齢者の世代を支える仕組みで成り立つ「世代間連鎖」の制度である。世代間連鎖とは，若い世代の人々が高齢者の介護・年金・医療費の負担を担う仕組みである。

　若年層の多いピラミッド型社会では社会保障費の負担は可能であるが，つぼ型社会では，社会保障費の負担が重荷になり，将来の社会保障制度に疑問を抱く国民が多くなっている。

　わが国は，すでに高齢化率50%を超えた地域（限界集落*）がある。若い世代が減少し高齢者のみの過疎地域では，地域経済の活力が低下し，地域社会の存亡の危機ともいえる限界集落が全国各所にある。少子高齢・人口減少社会は，経済問題や社会保障制度の問題のみでなく，国の存続にかかわる深刻な問題となっている。

限界集落
　限界集落とは，過疎地等で人口の50%以上が，65歳以上の高齢者であるため，冠婚葬祭等の社会的共同生活が困難になった集落のことである。

第2節 子どもを取り巻く社会と家庭状況

1 子どもを取り巻く社会の変化

（1）高学歴社会

わが国は長い間，農業牧畜業・林業・水産業等の第一次産業国であった。1965（昭和40）年頃から，第二次産業から第三次産業*へ発展するに伴い，企業は高度な専門知識や科学技術を必要とし，一方では生活の豊かさや生活水準の向上から高校・大学進学者の増加をもたらした（表1—3）。

表1— 3　進学率の推移　　　　　　　　　　（%）

年　　　　　度	高等学校等への進学率（高等学校の通信制課程（本科）への進学者を除く）			大学（学部）・短期大学（本科）への進学率（過年度高卒者等を含む）		
	計	男	女	計	男	女
1950（昭和25）	42.5	48.0	36.7	…	…	…
1960（昭和35）	57.7	59.6	55.9	10.3	14.9	5.5
1970（昭和45）	82.1	81.6	82.7	23.6	29.2	17.7
1980（昭和55）	94.2	93.1	95.4	37.4	41.3	33.3
1990（平成 2 ）	94.4	93.2	95.6	36.3	35.2	37.4
2000（平成12）	95.9	95.0	96.8	49.1	49.4	48.7
2010（平成22）	96.3	96.1	96.5	56.8	57.7	56.0
2016（平成28）	98.7	98.5	99.0	56.8	57.6	56.1

（資料）文部科学省「学校基本調査報告」
（出典）日本子ども家庭総合研究所編：日本子ども資料年鑑，中央出版，p.240，2017（一部改変）

第三次産業
　第三次産業は，英国の経済学者コーリン・クラークによる産業分類である。産業を 3 部門に分類した場合の一区分である。商業，運輸・通信，保険業，学術研究等，技術サービス業を指す。

10   第1章　現代社会と子ども

　高度経済成長期以前は，大学・短期大学の進学率10%で推移していた。高度経済成長期以降は年々，進学率が上昇し，2016（平成28）年の高等学校への進学率98.7%，大学・短期大学への進学率56.8%である。

　国際比較では，大学等高等教育機関への進学率が80%を超えている国は，韓国，フィンランド，アメリカ，スウェーデン等である。

　高学歴社会は，教育費が増大するのでその軽減のため，「少なく生んで良い子に育てたい」という親が増える一方，有名校を目指しての塾通いから，子どもの遊びが奪われ，教育費の増大は共働き家庭を増加させている。

　少子・高学歴社会は，少ない子どもに親は過剰な期待を寄せ，親の意向を優先させるあまり，過保護・過干渉等，密着した親子関係の中で，子どもの自主性や社会的自立が阻害され，親子関係をめぐっての問題が多くなっている。

（2）社会生活能力の低下

　子どもは本来，家庭や地域社会で，人々とのふれあいや遊びをとおして，多くの社会体験を学び，豊かで円満な人格が形成されるものである。

　農村部は，第一次産業従事者も多く，地縁・血縁の結びつきが強く，人的交流も濃厚である。しかし，農村部の若者は，雇用需要の多い都市圏に流出するため，子どもの数が減少し遊びたくても遊べない子どもが増えている。

　都市部は，空き地の縮小や塾通い等で，子どもの遊ぶ姿が見られなくなった。雇用需要の多い都市部では，女性の就労者が多く，職住の分離，単身赴任や長時間通勤等で，子育てで培われる近隣との交流も希薄になっている。

　地域社会の希薄化は，地域の安全や安心が失われ，親しい関係者も少なく孤立状態の家庭が多くなっている。

　地域社会の連帯の希薄化は，子どものグループ遊びや異年齢間の遊び，屋外で遊ぶ子どもの姿が消失し，テレビゲーム等の屋内での一人遊びが多く，コ

ミュニケーション能力を阻害する要因にもなっている。

　地域社会の崩壊は，子育て環境の悪化を招き，子どもの社会生活体験の不足やコミュニケーション能力の低下等の要因になっている。

2　子どもを取り巻く家庭状況

（1）家族意識の低下

　現代社会は，三世代同居の家族が減少し，夫婦と未婚の子からなる核家族，未婚女性や高齢者の単身世帯が増加し，小家族化が進んでいる（表1－4）。

　厚生労働省の資料では，昭和30年代の平均世帯人員は，4.7人前後で推移していたが，最近は2.3人前後に減少し，世帯規模が縮小している。

　少子高齢社会は，少子化で子どものいる家庭の平均子ども数は2016（平成28）年現在約1.7人である。また，高齢者の増加で夫婦または単身者の高齢者世帯が増え，世帯の小規模化が進む一方である。これが現代社会の特徴である。

　小家族は，強い絆で人々は結ばれ，合理的で機能的で幸せそうな家庭が多い。この理想的な家庭も，家庭内で病人や紛争が発生すると，ひとたまりもなく家庭崩壊の危機に直面する脆さを備えている。

　家庭には，生活上の防衛，娯楽，保護（養育），教育，食生活等，いろいろな機能がある。小人数の家族ではこれらの機能を果たせないため，防犯は警備会社，娯楽はテレビ，教育は学習塾，養育は保育所や学童保育*，食生活はコンビニや外食産業等々，家庭の機能を外部に委託する傾向が強くなっている。

　家庭機能の弱体化や外部委託は，家族間の結びつきや相互扶助の関係が希薄

表1－4　世帯構造別構成割合の推移　　　　　（％）

区　　分	1970年 （昭和45）	1980年 （昭和55）	1990年 （平成2）	2000年 （平成12）	2010年 （平成22）	2018年 （平成30）
単独世帯	18.5	18.1	21.0	24.1	25.5	27.7
核家族世帯	57.0	60.3	60.0	59.1	59.8	60.4
三世代世帯	19.2	16.2	13.5	10.6	7.9	5.3
その他の世帯	5.3	5.4	5.6	6.1	6.8	6.6

（資料）厚生労働省大臣官房統計情報部「国民生活基礎調査」

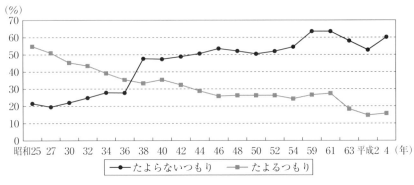

図1—5 扶養意識の変化

(資料) 毎日新聞社人口問題調査会「家族計画世論調査」
(出典) 厚生労働省編：厚生労働白書平成18年版, p.28, 2006

になり，家族意識や扶養意識の低下等が懸念される（図1—5）。

　以前は，老後の介護に不安を抱く高齢者が多かった。介護保険法*の制定以降は，老後の不安が解消され，扶養意識が大きく変わるなかで「老後は，子どもがいなくても安心」という人が増えている。

（2）増える子どもの問題

　最近の子どもの問題としては，子ども虐待，ひきこもり，いじめ，不登校等が増加傾向にある。これらの問題の共通点は，対人関係，コミュニケーション能力等に起因した問題行動が多いともいえる。

　対人関係やコミュニケーション能力の問題は，地域社会の崩壊等により社会の連帯感が希薄化し，近隣の子どもたちとの遊びをとおして培われる社会経験の不足，小家族によるコミュニケーション能力や社会生活能力が育たない環境下に子どもが置かれていることである。子どもの問題の背景には，小家族化と

学童保育
　児童福祉法に定められた「放課後児童健全育成事業」のことである。授業終了後，留守家庭の概ね10歳未満の児童を預かり，遊びや学習指導を行う制度で，名称はいろいろであるが，「学童保育」が一般的である。

介護保険法
　介護保険制度は，加齢に伴う疾病等で要介護状態になり，入浴，排泄，食事等の介護，機能訓練，看護等を必要とする者に自立した日常生活ができるように，介護サービスや福祉サービスを行う制度である。

女性の社会進出で留守家庭が増加し，家庭の養育機能の低下や地域社会の崩壊等で，子どもを取り巻く社会環境が悪化してきている。

　近年，文化的・経済的豊かさを求め，女性の就労者は増加傾向にある。親は，多忙のあまり子どもの話に耳を傾けられず，子どもとの接触時間や家族揃っての食事も少なく，一家の団欒はテレビに奪われている有様である。

　この状況下で子どものしつけの問題や子どもとの対話等，家族間のコミュニケーションの低下をはじめ，地域社会での家庭の孤立化などにより小家族で家庭基盤が脆弱化し，閉鎖的な家庭の中で育つ子どもが多くなっている。

　閉鎖的な家庭では，ひとたび家族関係がいびつになると，夫婦間・親子間の暴力，子ども虐待，離婚等の家庭崩壊を招き，子どもが被害者になるのが一般的である。

■引用・参考文献

1）厚生統計協会：国民の福祉の動向，p.41，p.46，2009
2）厚生労働統計協会：国民衛生の動向2017/2018，2017 および 2019/2020，2019
3）母子愛育会愛育研究所編：日本子ども資料年鑑，KTC中央出版，p.67，p.240，2017

第2章

子ども家庭福祉と子ども家庭福祉の歴史

第1節　子ども家庭福祉の理念と概念

1 子ども家庭福祉の意義

（1）子どもを取り巻く環境の変化

　都市化，核家族化そして少子化が進み，子どもを取り巻く家庭や地域社会は大きく変化してきた。公園や空き地で遊ぶ子どもたちの姿を見かけることが少なくなった。子どもの数が減少し，子ども同士で遊ぶ機会が少なくなったことは，子どもの仲間関係の形成，社会性の発達，そして規範意識の形成に影響を及ぼしている。一方，子育て中の親は，子育てに関する知識や技術が不十分なまま子育てをしなければならない。親同士で情報を交換し，助け合う機会も少なくなってきている。さらに，父親の子育ての参加・参画が得られず母親が一人で子育てに専念することが一般化し，子育ての責任が母親に集中するようになってきている。また，女性の社会的進出に伴い，働く母親は増加しているが，仕事・家事・子育てという過重な負担がかかっている。

　このように，子どもを生み，育てる家庭や地域社会の子育て機能や教育力が低下している。その結果，子どもや親子関係に関する問題，たとえば子どもの非行や犯罪，いじめや不登校，ひきこもり，そして子育て不安や子ども虐待な

第1節　子ども家庭福祉の理念と概念　*15*

どが深刻な社会問題となってきている。この問題を解決するために，子どもの育ち，親の育ち，子育てに対する社会的支援の必要性が増大しており，すべての子どもと家庭を対象にした総合的で計画的な子育て支援対策が求められている[1]。

（2）ウェルビーイングとしての子ども家庭福祉への転換

　少子高齢社会においては，ウェルフェアとしての児童福祉から，ウェルビーイングとしての子ども家庭福祉への転換を進めていくことが重要になってきている。従来の児童福祉は，救貧的・慈恵的・恩恵的歴史をもっており，最低生活保障としての事後処理的・補完的・代替的な児童福祉であった。新しい子ども家庭福祉は，人権の尊重・自己実現，そして子どもの権利擁護の視点にたった予防・促進・啓発・教育，そして問題の重度化・深刻化を防ぐ支援・協同的プログラムを重視している[2]。子ども家庭福祉の分野においても，子どもや家庭のウェルビーイングを実現するため，制度の見直しが行われている。

　1997（平成9）年の児童福祉法の改正により，子ども家庭福祉のサービスの理念も伝統的な「児童の保護」から「自立支援」へと転換された[2]。さらに，2003（平成15）年は「子育て支援元年」と言われるように，2003（平成15）年7月に次世代育成支援対策推進法と少子化社会対策基本法が公布されて，子育て支援に関する法律が相次いで成立した。

　さらに，2012（平成24）年8月には子ども・子育て支援法などが公布され，2015（平成27）年度より「子ども・子育て支援新制度」が実施されている。また，2016（平成28）年の児童福祉法の改正により，すべての子どもが健全に育成されるよう，子ども虐待について発生予防から自立支援まで一連の対策のさらなる強化を図るため，児童福祉法の理念の明確化などが行われた。

（3）子どもと家庭の「ウェルビーイング」の促進

　国連などの国際機関や欧米諸国では，救貧的・慈恵的イメージを伴う「ウェルフェア（福祉）」に代えて，「個人の権利や自己実現の保障」，「身体的，精神的，社会的に良好な状態にあること」という意味の「ウェルビーイング」という言葉が用いられている。

　児童の権利に関する条約では，前文や第3条第2項でウェルビーイングが使われている（ただし日本政府訳ではウェルフェアもウェルビーイングも「福祉」と訳されている）。1993（平成5）年に発表された「子供の未来21プラン研究会報告書」において，ウェルビーイングという言葉は，今後わが国の児童福祉理念の議論に示唆を与える概念であると指摘されている。現時点では児童福祉法の中には，ウェルビーイングという言葉は見当たらない。しかし，1997（平成5）年の児童福祉法の改正により，児童福祉法の理念として「自立支援」が明記された。社会福祉における「自立」の概念は，1981（昭和56）年の国障害者年などを契機として，単に，身辺自立や経済的自立だけを指すものではなく，自己決定に基づく自律（自分の行動を自分で決めること）を含めた概念として変化してきた[3]。さらに，2016（平成28）年の児童福祉法の改正では，児童の権利に関する条約の精神にのっとり，すべての子どもの権利が保障されるという理念が明確になった。

　以上のように，わが国の子ども家庭福祉においてもウェルフェアからウェルビーイングへの転換がなされつつあるが，ウェルビーイングという言葉は十分定着しているとはいえない。今後，子どもや家庭のウェルビーイングを促進していくという視点から，現代の子どもや親子関係そして子育て環境の問題を検討し，子ども家庭福祉の仕組みを構築し，実践していくことが重要になってきている。

2 子ども家庭福祉の理念

（1）子ども家庭福祉における子どものとらえ方

　子ども家庭福祉において，「子ども」をどのようにとらえればよいのだろうか。

　身体的・心理的発達を主な視点とした発達心理学では，乳児期（0歳〜2歳頃），幼児期（2歳〜7歳頃），児童期（7歳〜12歳頃），青年期（12歳〜25歳頃）の発達段階*に区分されている[4]。しかし，表2─1に示したように，法律制度に規定される子どもの年齢区分は，必ずしもこれと一致していない。わが国の児童福祉法においては，「児童」は「満18歳に満たない者」（第4条）とされているが，民法では「満20歳ヲ以テ成年トス」（第3条）と満20歳未満を「未成年」と規定されている。いずれにしても「児童」と「成人」を区分する基準は「自立」ができているかいないかということであり，子どもは自立していないがゆえに，「保護の必要性」があるとみなされている。

　そこで，子どもを次の2つの視点からとらえておくことが必要になってくる。第1の視点は，子どもは，未熟な状態で生まれ，それぞれの時期に特有の発達課題をもって発達する存在であるということである。したがって，大人は子どもが自立するまで長期間にわたって，子どものニーズを充足させるために保護・養育・教育をすることが必要になってくる。しかし，子どもは保護・養育・教育される存在ではあるが，同時に大人と同等の権利をもった存在であり，一人の人間として尊重されなければならない。したがって，子どもの人権を尊重し，子どものウェルビーイング（子どもの権利，自立・自己実現）を保障するという第2の視点も必要となってくる。

発達段階
　エリクソンは，人間の生涯にわたる発達を8つの段階に区分し，それぞれの時期に解決しなければならない発達課題を明らかにしている。ある発達段階の発達課題が達成されない場合，次の発達課題に取り組むことは難しいとされている。たとえば，乳児期は基本的信頼の獲得は必要であり，その体験がないと不信を体験する

ことになり，自己や他者を信頼することができなくなる。その結果，次の幼児期における自律の獲得も困難にし，人格発達に様々な支障をきたすこともある。（E. H. エリクソン，仁科弥生訳：幼児と社会，みすず書房，pp.317-322, 1977）

18 第2章 子ども家庭福祉と子ども家庭福祉の歴史

表2−1 わが国の子ども家庭福祉関連法制度における「児童」の名称と年齢区分

法制度 ＼ 年齢	0歳	1歳	6歳	12歳	13歳	14歳	15歳	18歳	20歳
児 童 福 祉 法	〈児 （乳児）	（幼児）	（少					童〉 年）	
児童虐待の防止等に関する法律	〈児							童〉	
児童買春，児童ポルノに係る行為等の処罰及び児童保護等に関する法律	〈児							童〉	
母 子 保 健 法	※1 〈乳児〉	〈幼児〉							
母子及び父子並びに寡婦福祉法	〈児								童〉
児 童 手 当 法	〈児							童〉	
児 童 扶 養 手 当 法	〈児							童〉	
特別児童扶養手当等の支給に関する法律	〈障			害					児〉
学 校 教 育 法	………〈幼児〉		〈学齢児童〉	〈学齢生徒〉			※2 〈生徒〉	〈学	生〉
道 路 交 通 法	〈幼	児〉	〈児 童〉						
少 年 法	………〈触	法	少 年〉				〈犯 罪 少 年〉		
刑 法	………〈刑 事 未 成 年 者〉								
労 働 基 準 法	………〈児				童〉	〈年少者〉			
未成年者喫煙禁止法	………〈未		成		年			者〉	
未成年者飲酒禁止法	………〈未		成		年			者〉	
青少年の雇用の促進等に関する法律	……………………………………………〈青 少 年〉								
国民の祝日に関する法律	〈こ			ど				も〉	
民 法	〈未		成		年			者〉	
日 本 国 憲 法	………〈児			童〉					
公 職 選 挙 法								〈選挙 権者〉	

※1 このうち出生後28日を経過しない乳児を新生児という。
※2 高等専門学校（中学卒業後5年間の課程）の場合は学生という。
（出典）網野武博：児童福祉学，中央法規，p.63，2002
筆者注）公職選挙法改正のため，年齢の修正を行っている。

第1節　子ども家庭福祉の理念と概念　　*19*

（2）子ども家庭福祉の理念

　網野は，第1の視点から「児童の自己実現のための環境の配慮」，第2の視点から「児童の人権の尊重と平等な福祉」という2つの子ども家庭福祉の基本理念を明らかにしている[5]。

1）子どもの発達を保障するための子育ち・子育て環境整備

　人間は胎児から死亡にいたるまで，一生涯発達し続けるものであるが，子ども期は，人間の一生の中でも，もっとも発達の著しい時期である。また，生理的早産ともいえる依存的状態から，将来の自立生活と自己実現に向けて，さまざまな社会生活の知識や技術（スキル）を身につける重要な時期でもある。発達は，個人と環境とのダイナミックな相互作用により展開するので，個人差は個人の遺伝的な要因にとどまらず，環境の多大な影響を受ける。したがって，すべての子どもの発達の可能性を重視し，その自立・自己実現を図ることができるようによい環境を配慮しなければならない。このように，子どもの発達を正しく理解し，子どもの発達を全面的に保障するために子育ち・子育て環境を整備していくことが子ども家庭福祉の第1の基本理念として重要になってくる。

①　子どもの発達

　子どもの発達*は，保育所保育指針においても指摘されているように，子どもと子どもを取り巻く環境（人や自然，事物，出来事など）との相互作用の結果として進んでいく。子どもは身体的にも精神的にも未熟な状態で生まれるので，まず大人の保護や養育が必要である。愛情豊かで思慮深い大人の保護・世話などの活動を通じて，子どもは人への信頼感や共感性，自己の主体性（自律性）を形成すること，すなわちアタッチメント*を形成することができるのである。しかし，子どもは未熟ではあるが無能なのではない。むしろ，人とのか

発達の原則

　人間の発達には，①方向性，②順序性，③臨界期，④多様性，⑤遺伝と環境の相互作用など，いくつかの原則がある。発達には3つの基本的な方向性（頭から足へ，体の中心から末梢へ，粗大運動から微細運動へ）があり，発達の順序は一定しており，逆になることはない。また発達には，臨界期があり，その時期にある刺

激を受けられない場合は，発達の障害を残すこともある。発達には個人差があり，特に子どもの発達は多様性の幅が大きく，成長に伴い個人差はますます広がっていく。（高橋重宏・才村純編著：子ども家庭福祉論，建帛社，pp.23-37，1999）

20 第 2 章 子ども家庭福祉と子ども家庭福祉の歴史

かわりを積極的に求めようとする主体的な能力をそなえている。子どもは心身
の自然な成長に伴い，それぞれの子どもに応じた自発的・能動的な興味・好奇
心や，それまでに身につけてきた知識・能力をもとにして，環境内の対象に働
きかけ，その対象との相互作用の結果，新たな態度や知識，能力を身につけて
いくのである。

　したがって，子どもの発達を促すためには，大人の側からの働きかけだけで
なく，子どもからの自発的，能動的な働きかけが行われるようにすることが必
要である。一人ひとりの子どもの発達の特性や発達の課題に十分に留意しなが
ら，子どもが能動的，意欲的に活動ができるような環境をいかに配慮し，整備
していくかということが，子ども家庭福祉の重要な課題となってくる。

② 　子どものニーズ

　子どもの発達課題をよりよく達成できるように子どもの発達を保障するとい
うことは，子どもが人間としてふさわしい日常生活を送れるよう子どものニー
ズを充足させるということでもある。

　マズローは，人間の発達に対するニーズを 5 つの段階（図 2 — 1 ）に分けて
いる。「生理的ニーズ」，「安定や安全のニーズ」，「所属と愛情のニーズ」，「承
認と自尊のニーズ」という基本的なニーズがある。これらが欠損すると心身の
健康を失い，充足することによって発達する動機づけが促されるという。さら
に，これらの基本的なニーズが充足されたとしても，人間には自分の可能性を
追求し，創造し，学習したいという気持ち，真・善・美等の価値を求める「自
己実現のニーズ」がある。

　マズローは，人はその人生に計り知れない可能性をもっており，自分につい
てよく知り，自分の可能性をできるだけ実現しようと試みることこそ人間の本
質であるとしている[6]。したがって，子どもの自己実現のニーズを充足するこ

アタッチメント

　アタッチメントとは"絆"，すなわち人が特
定の他者との間に築く緊密な情緒的結びつきで
ある。ただし，この絆は，危機的状況あるいは
不安喚起時など特定他者にくっつき得るという
見通しのもとに，その他者から保護してもらえ
るという信頼感を基礎にした関係性である。

　（遠藤利彦：「アタッチメント理論の基本的枠

組み」，数井みゆき・遠藤利彦編著，アタッチ
メント　生涯にわたる絆，ミネルヴァ書房，
pp.1-4，2005）

とができるように，子ども家庭福祉のサービスを整備していくことが大切になってくる。

2）子どもの権利を保障する子ども家庭福祉

すべての子どもに対して，その発達段階に応じて，子どものニーズを充足させ，子どもの健全な発達を保障していくことが重要であるということは，社会的にも法的にも認識され，成文化されている。ジャン・シャザルは，子どもの権利とは，子どもの基本的ニーズの法的承認にほかならないと述べている[7]。

図2−1　マズローの欲求の階層
（高橋重宏・才村純編著：子ども家庭福祉論，建帛社, p.23, 1999）

① 権利とは何か

1947（昭和22）年に成立した児童福祉法第1条において「すべて国民は，児童が心身ともに健やかに生まれ，且つ，育成されるよう努めなければならない」と児童福祉法の理念が規定された。その後，児童福祉法は度々改正が行われたが，この第1条については改正が行われなかった。しかし，2016（平成28）年5月に「児童福祉法等の一部を改正する法律」が成立し，同年6月に公布され，児童福祉法制定以来，初めて第1条の改正が行われた。この改正により児童福祉法第1条は「全て児童は，児童の権利に関する条約の精神にのっとり，適切に養育されること，その生活を保障されること，愛され，保護されること，その心身の健やかな成長及び発達並びにその自立が図られることその他の福祉を等しく保障される権利を有する」と，「児童の権利」という言葉が明記された。

しかし，わが国の児童福祉法に規定された子どもの権利については，大人

が，子どもに対して権利を保障するというものであり，子どもみずからが権利を行使するのではなく，子どもは権利の客体としてとらえられている。子どもの権利は，「……られる」と表現され，網野のいうところの「受動的権利」にとどまっている[8]。

しかし，今日では，子どもは子どもであるよりもまず一人の人間として理解されなければならないということが重視されるようになった。子どもの権利は，保護や養育を受ける権利だけでなく，大人と同等の権利が認められるようになってきたのである。子どもを権利の客体としてばかりでなく，権利の主体として理解するということである。1989（平成元）年に国際連合で採択された「児童の権利に関する条約」では，意見表明権（第12条），表現・情報の自由（第13条），思想・良心・宗教の自由（第14条），結社の自由及び平和な集会の自由（第15条），プライバシーの保護（第16条）などの権利を明記しており，子どもの主体的，能動的権利を積極的に認めている。

子どもは保護や養育を受けなければならない存在であると同時に，大人と同等の権利をもつ存在である。したがって，子どもの「受動的権利」とともに「能動的権利」を保障しなければならない。「能動的権利」とは，子どもは単に権利を受容する主体であるだけではなく，権利を行使する主体であるという特徴をもっている[8]。

② 子どもの権利保障システム

このように子どもが権利の主体であるということは，子どもが一人の人間として自立した責任と義務を自覚し，権利を遂行することが求められるということであり，権利の主体者である他者への理解，共感を伴ったものでなくてはならない。したがって，どの年齢の子どもに対しても，その子どもの年齢を考慮しつつ子どもの意見を尊重し，子ども自身にかかわる事柄を決定する場に子ど

第1節　子ども家庭福祉の理念と概念　**23**

も自身が参加できる機会を保障するための手続きを整備し，真の自立と自己実現を図る子どもの権利保障システムを構築する必要がある[9]。

3　子ども家庭福祉とは何か─その概念─

　今日，子ども家庭福祉の概念は，一般的には目的概念*として規定されるのではなく，目的・理念を含め実体概念*として規定されている。また，子ども家庭福祉の活動範囲も広くとらえられるようになってきている。子ども家庭福祉の概念については，子ども家庭福祉の理念（目的），子ども家庭福祉の対象，子ども家庭福祉の主体，そして子ども家庭福祉活動が規定されている。

　例えば，網野武博は「児童福祉とは，生存し，発達し，自立しようとする子ども及びその養育の第一義的責任を有する保護者とその家庭に対して，子ども家庭のウェルビーイング（健幸）の実現のために，国，地方公共団体，法人，事業体，私人などが行う子どもおよび関係者を対象とする実践および法制度である」[10]と定義している。また，柏女霊峰は「子ども家庭福祉とは，理念的には人格主体として理解されながら，実際には自分の立場を社会に向かって主張したり，それを守る力の弱い子どもを，その保護者とともに，国，地方自治体および社会全体がその生活と発達，自己実現を保障する活動の総体である」[9]と定義している。

　子ども家庭福祉の理念については先に述べたので，ここでは，子ども家庭福祉の対象，子ども家庭福祉の供給主体と子ども家庭福祉サービスの内容について述べていく。

（1）子ども家庭福祉の対象

　子ども家庭福祉の対象は，何らかの保護を必要とする子ども，すなわち「要保護児童」に限定するのではなく，広くすべての子どもならびに保護者（家

目的概念と実体概念としての児童福祉
　「目的概念としての児童福祉」は，「理念または思想としての児童福祉」あるいは「児童の福祉」（welfare of children）と言い換えることもできる。「実体概念としての児童福祉」は，「制度としての児童福祉」あるいは「児童福祉」（child welfare）と呼ばれるものである。（高橋重宏：「児童福祉とは」高橋重宏・江

幡玲子編著『児童福祉を考える』川島書店，p.55，1983）

庭）を対象にしている。子どもが健やかに生まれ，かつ育てられるためには，妊産婦や保護者，さらには，子どもが生まれてからの生活の場である家庭，そして地域社会をも視野に入れて考えていかなくてはならない。

1）子ども家庭福祉の対象としての母性・妊産婦

人間の発達は，その生命が母親の胎内に宿ったときから始まる。児童福祉法の第2条で規定されているように，「児童が良好な環境において生まれ，かつ，社会のあらゆる分野において，児童の年齢及び発達の程度に応じて，その意見が尊重され，その最善の利益が優先して考慮され，心身ともに健やかに育成される」ためには，母性・妊産婦の健康が保障されなければならない。

児童福祉法第5条で「この法律で，妊産婦とは，妊娠中又は出産後1年以内の女子をいう」と規定されている。「妊娠中」とは，現に妊娠していることで妊娠届け出の有無にはよらない。また，「出産後1年以内」の「出産」とは，正常の出産のみでなく，流早産を含み，それ以後1年以内の意味である。

母子保健法第2条には，「母性は，すべての児童がすこやかに生まれ，かつ，育てられる基盤であることにかんがみ，尊重され，かつ，保護されなければならない」と規定されている。

2）子ども家庭福祉の対象としての「児童」

児童福祉法では，「児童」とは「満18歳に満たない者」（第4条）と規定し，「児童」をさらに「乳児」（満1歳に満たない者），「幼児」（満1歳から小学校就学の始期に達するまでの者），「少年」（小学校就学の始期から満18歳に達するまでの者）に区分している。ただし，表2─1に示したように，母子及び父子並びに寡婦福祉法では，20歳に満たない者を「児童」，少年法では20歳に満たない者を「少年」，民法では20歳に満たない者を「未成年者」というように，法律によって，子どもの年齢区分や呼称が異なっている。

一般児童と要保護児童

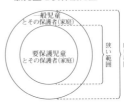

（遠藤久恵監修・編著：子どもの生活と福祉／児童福祉入門，中央法規出版，p.39, 1996）

第1節 子ども家庭福祉の理念と概念 **25**

　子どもを問題別にみると，「一般児童」と「要保護児童」*に分けることがで
きる。要保護児童とは，子どもが発達していく途上で顕在化する可能性のある
種々の発達・行動・環境上の問題をもった子どもであり，柏女は表2－2のよ
うに整理している[9]。

表2－2　児童福祉の諸問題

領　　域	問　題　の　種　類
身体的障害	●肢体不自由（脳性麻痺，進行性筋ジストロフィー症，重症心身障害等） ●視覚障害（盲，弱視，色弱等） ●聴覚障害（ろう，難聴等） ●平衡機能障害 ●音声・言語機能障害（失語，吃音，構音障害，音声障害等） ●臓器機能障害（心臓，呼吸器等）等
精神的障害	●知的障害，精神発達遅滞 ●精神障害（統合失調症，うつ病，境界例等） ●自閉症，注意集中障害，学習障害等
神経症，心身症	●睡眠障害（不眠，夜驚，過眠等） ●摂食障害（小食，過食，拒食，異食等） ●神経性習癖（指しゃぶり，爪噛み，チック，抜毛等） ●夜尿，頻尿，遺尿等 ●頻脈，心悸亢進等 ●脅迫神経症・不安神経症等の神経症，ヒステリー心気症等 ●学校恐怖
心理・行動上の問題	●不登校，緘黙，家庭内暴力等 ●引っ込み思案，分離不安，孤立等 ●非行，怠学，家出，校内暴力等 ●反抗，乱暴，かんしゃく，虚言等
児童，子育て環境上の問題	●放任，遺棄，養育上の問題等の虐待 ●子育て不安，育児と就労の両立困難等子育て環境上の問題 ●有害環境，遊び場不足，交通事故等地域環境上の問題 ●いじめ，受験競争等児童の生活環境上の問題 ●子育てに対する経済的支援等社会環境上の問題

（出典）柏女霊峰：『現代児童福祉論〔第5版〕』誠信書房，p.47，2002

3）子ども家庭福祉の対象としての保護者

児童福祉法の第6条において保護者とは，「親権*を行う者，未成年後見人その他の者で，児童を現に監護する者をいう」と規定されている。児童福祉法では，親権を行う者や，後見人でも，「児童」の養育を他人に委ねている場合は保護者とはならない。

子どもの育成の基盤は，家庭にあり，児童福祉法第2条第2項に規定されているように，子どもの育成の第一義的責任は保護者にあるといえる。しかし，今日，子どもや家庭を取り巻く環境が著しく変化したことによって，子どもの養育の何よりの基盤である“家庭の養育機能”が脆弱化し，家族関係，親子関係から生じる福祉上の問題は，すべての家庭に生じてくる可能性が広がっている。保護者による子どもの養育が不可能な場合はもちろんであるが，すべての家庭の保護者を対象に，その養育への支援が必要になってきている。

（2）子ども家庭福祉の供給主体と子ども家庭福祉サービス

児童福祉法第2条第3項は，子どもの育成の責任について「国及び地方公共団体は，児童の保護者とともに，児童を心身ともに健やかに育成する責任を負う」と定めている。しかし，子どもの育成の第一義的責任は保護者にあるが，保護者がその子どもを育成すること自体は，子ども家庭福祉サービスには含めない。むしろ，保護者も子ども家庭福祉サービスの対象として考える必要がますます高まっており，国や地方公共団体の公的責任はいっそう重視されてきている。したがって，子ども家庭福祉の第1の実施主体は，国および地方公共団体であるといえる。

また，古くから子ども家庭福祉の発展に寄与してきた民間福祉団体（その多くは社会福祉法人）や，ボランティア活動等の個人による活動（住民参加による子ども家庭福祉活動*）も公的責任の一翼を担っている。社会福祉基礎構造

親権

親権とは，未成年の子どもを監護養育するために，その親に認められた権利義務の総称である。民法は，その具体的内容として，①監護教育の権利義務，②居所指定権，③懲戒権，④職業許可権，⑤財産権利権と代表権，⑥子の親権代行権などを定めている（遠藤久恵監修・編著：子どもの生活と福祉／児童福祉入門，中央

法規出版，p.39，1996）。今日，親による子どもの虐待が深刻になっているが，児童相談所等の公的機関が虐待を受けている子どもを保護しようとするとき，この親権が障壁になっていることが多い（遠藤久恵監修・編著：子どもの生活と福祉／児童福祉入門，中央法規出版，p.39，1996）。

第1節　子ども家庭福祉の理念と概念　*27*

改革，児童福祉改革の流れのなかで，エンゼルプランでも示されたように，国・地方公共団体の子育て支援に加えて，企業・職場，地域社会による子育て支援も提示されるようになってきている。

　そこで，まず，子ども家庭福祉の第1の実施主体である国および地方公共団体による制度としての子ども家庭福祉サービスについて考えておきたい。次に，子ども家庭福祉の実施主体による子ども家庭福祉サービスの内容について述べる。

1) 国・地方公共団体による子ども家庭福祉サービス

　国や地方公共団体の子ども家庭福祉サービスは，制度として定められている。それはさらに①行政による施策的なサービス（子ども家庭福祉政策）と，②専門的従事者による実践的なサービス（子ども家庭福祉実践）に分けられる[11]。

①　子ども家庭福祉政策

　子ども家庭福祉政策は，一定の理念に基づいて子どもの福祉要求に対応して各種の子ども家庭福祉サービスを整備していくことを任務としている。国および地方公共団体が主体となって（政策主体*と呼ばれる），①対象とする人々の範囲，②サービスの種類，③サービス供給の基準と手順，④サービス供給の機関と施設，⑤職員の配置と構成，⑥財政などの諸点について計画・立案し，実行していくことを主たる任務としている。

　これは，多数の人々の共通のニーズに対応し，一括的な処理をめざす画一的なものである。一人ひとりの個人の福祉を実現するためには，一人の人間としての個人に集中しなければならない。個別化，個人的援助が不可欠である。すなわち，次に述べる子どもや保護者に直接かかわる専門的従事者による実践が必要である。なお，福祉政策によって決定された制度をいかに運営して，福祉

住民参加による子ども家庭福祉活動（サービス）

　国・地方公共団体等行政による施策はともすれば官僚的になり，専門的従事者による人的サービスも処遇が固定化し，閉鎖的になりがちになるなど種々の問題がある。これらの問題を解決してゆくには，ボランタリーな住民参加が必要である。今日，この住民参加は制度と並んで児童福祉を高めるために重要な役割を担って

いるといえる。これらには次の3つの参加形態が考えられる。①児童福祉行政への「参画」としての参加（児童福祉審議会の委員，児童委員など），②児童の発達を支え，促進するための「活動」としての参画（子ども会活動，ボーイスカウトなど），③児童の生命を守り，環境を改善し，また，その生活を拡充するための「運動」としての参加である（庄司洋子他編：福祉

28　第2章　子ども家庭福祉と子ども家庭福祉の歴史

実践に結びつけていくかという視点から，福祉政策と福祉実践の橋渡しとして福祉経営が位置づけられている。この福祉経営の主体を経営主体*という。

② 子ども家庭福祉実践

　これは，子ども家庭福祉政策の具現化と推進を図っていくことを任務としている。すなわち，サービスを必要としている人々にサービスを適切に届け，それらの人々がサービスを活用して生活を維持・発展し，直面している問題の解決を図っていけるよう援助していくこと，またそれをとおして不備・不十分なサービスの改善を図っていくように子ども家庭福祉政策に影響をおよぼしていくことを任務にしている。子ども家庭福祉従事者が主体となって（実践主体*と呼ばれる），多様な機関と施設を活動の場として，一定の価値と知識に基づいて体系化された専門的な援助技術を行使して展開していく諸活動を内容にしている。

　特に社会福祉の専門的従事者が用いる実践方法は「ソーシャルワーク」と呼ばれ，具体的には，ソーシャル・ケースワーク，ソーシャル・グループワーク，コミュニティ・オーガニゼーション，ソーシャル・アクション，ソーシャル・リサーチなどがある。

2）子ども家庭福祉の主体と子ども家庭福祉サービスの内容

　網野は，子ども家庭福祉の領域・内容を3つのPと3つのSで表している[10]。3つのPで表現される予防・増進・普及のための活動は，子どもの発達上のニーズに対応するための諸活動であり，「予防」から，きわめて健全育成の視点の高い「普及」まで含み，基本的にはこの順で，両親など保護者による養育環境を基盤にした私的責任のウエイトが高くなっていく。また，3つのS*で表現される支援・補完・代替のための活動は，個々の子どもや関係者の問題や障害など，なんらかの発達上のハンディキャップにかかわるニーズに対応する

社会辞典，弘文堂，pp.530-531，1999）。

政策主体・経営主体・実践主体

　社会福祉の主体（援助者）は，政策主体，経営主体，実践主体の3つに分けて考えるのが一般的である。政策主体とは，社会福祉政策を企画立案・審議決定し，これらを執行する主体である（具体的には，国会，政府，行政省庁，地

方自治体等）。経営主体とは，社会福祉政策の執行体制としての福祉サービス供給組織を経営する主体のことである（具体的には，国や地方公共団体直営の福祉施設，国が認可した社会法人等による福祉施設等）。実践主体とは，公私の社会福祉施設に所属したり，協力して，現場の第一線で社会福祉援助に携わる専門職のことであり，具体的には，社会福祉士，介護福祉

ための諸活動であり，「支援」からきわめて要保護性の高い「代替」までを含み，基本的にはこの順で国や地方公共団体の，またそれらの制度や体系にかかわる法人，私人の公的責任のウエイトが高くなっていく。

① 「普及（popularization）」

すべての子どもを愛護し，育成するための思想・理念を図る諸活動である。具体的には①子どもに関する諸大会や関係出版物をとおして子どもの愛護・育成への努力の喚起，②児童福祉週間における行事の開催，③「母の日」や「家庭の日」に対する呼びかけ，④母子保健の水準を高めるための保健・衛生思想の普及・向上ならびに妊娠，出産，育児に関する知識の普及などが含まれる。

② 「増進（promotion）」

子どもの心身の健康や発達の増進・促進を図る諸活動である。具体的には①児童文化財の推薦，②児童厚生施設における諸活動，③地域健全育成活動，④母子保健の推進，⑤児童手当の支給などが含まれる。

③ 「予防（prevention）」

胎児および子どもの発達上の障害や問題の発生予防に関する諸活動である。具体的には①妊産婦・乳幼児の健康診査と保健指導，②心身障害の発生予防や研究，③子どもの生活・発達を阻害する環境（事故，子殺し・子捨て・子ども虐待など，非行，不登校）の発生予防などが含まれる。

④ 「支援（support）」

子どもの発達上の障害や問題の軽減・除去のための養育支援に関する諸活動である。具体的には①各種機関における相談指導活動，②医療および療育の給付活動（育成医療の給付，療育医療，小児慢性特定疾病医療費の支給など），③助産施設における助産および保健指導活動，④母子生活支援施設，母子・父子福祉センター，母子・父子休養ホームにおける親の経済的・精神的・社会的

士，保育士，看護師，保健師，民生委員，相談員，ボランティア等である（中島恒雄：社会福祉要説，ミネルヴァ書房，pp.4-5，1999）。

3つのS

カドウシンは，児童福祉サービスを支援的（supportive），補足的（supplementary），代替的（substitute）サービスという3つの

Sで表した。今日家庭が弱体化し，すべての家庭に対する援助が必要になってきているので，本来家庭が独力でなし得ること，またはなし得るべきことを，なし得ない場合の特殊事態に対応すべきものとして児童福祉サービスを捉えるカドウシンの基本的立場への批判もある（井垣章二：児童福祉，ミネルヴァ書房，pp.10-12，1975）。

30   第2章　子ども家庭福祉と子ども家庭福祉の歴史

自立を図るための諸活動などが含まれる。

⑤　「補完（supplement）」

　発達上の障害や問題のある子どもの養育の補完をするための諸活動である。具体的には①経済的援助（児童扶養手当，特別児童扶養手当，その他税制上の各種の控除など），②補装具・日常生活用具の給付，③ホームヘルパーの派遣，④通所（園）施設におけるサービス（保育所，児童発達支援センター，その他の通園事業）などが含まれる。

⑥　「代替（substitute）」

　発達上の障害や問題のある子どもの養育の代替を行う諸活動である。具体的には①入所施設（児童養護施設，児童自立支援施設，福祉・医療型障害児入所施設など）における養護的サービス，②里親によるサービスなどが含まれる。

第2節　子どもの権利保障

1 子どもの権利保障の歴史的変遷

　エレン・ケイの「20世紀は児童の世紀」の言葉に象徴されるように，20世紀になってから，子どもの権利は急速に社会的に認められた。1959（昭和34）年に国際連合によって児童権利宣言が採択され，わが国ではそれに先立つ1951（昭和26）年に児童憲章が定められた。これらは，すべての子どもがその基本的ニーズを充足し，健やかな発達を遂げ，そのために必要な諸条件が用意されることは，子どもの権利であり，その義務を社会が負っていることを高らかに謳っている。それは，現在および未来の子ども家庭福祉の目標であり，基本的理念を示すものであるが，あくまでも，人類や国民の努力目標であり，法的な

拘束力をもつものではない。

　子どもの権利は，憲法を中軸に児童福祉法をはじめとして，種々の法律によって保障されている。また，国際連合よって採択された児童権利宣言も，その30年後の1989（平成元）年に児童の権利に関する条約が採択されたことによって，法的に拘束力をもつものになった。また，2016（平成28）年の児童福祉法の改正により，第1条に児童の権利に関する条約の精神にのっとり，すべての子どもの権利が保障されるという理念が明記された。

2 子どもの権利とは何か

　広辞苑（第7版）には，権利とは法律用語として「一定の利益を主張し，また，これを享受する手段として，法律が一定の者に賦与する力」とある。このような定義は理解しにくいので，森田[12]は，権利を人が生きるのに最低限度必要な衣・食・住に代表される基本的人権と，その他の権利（自動車を運転する権利，選挙をする権利など誰でもがもっているとは限らない権利）に大別し，特に基本的人権について「人が人間らしく生きるために欠かせないもの」とわかりやすく定義している。基本的人権とは，「それがなければ生きられないもの」であり，衣・食・住の基本的人権とならんで，人間が尊厳をもって生きるためになくてはならない「安心して」「自信をもって」「自由に」生きるという大切な人権があると述べている。子どもにとってこの安心・自信・自由の権利は，特別に大切な権利である。なぜこの3つの権利が基本的人権なのかを理解するために，その権利が奪われるとどうなるか考えると理解しやすいとして，暴力行為を受けた被害者に共通する心理を例にあげて説明している。

　被害者は，暴力を受けることによって「恐怖と不安」を抱き，「無気力」に陥り，「行動の選択肢が何もない」と思い込むようになる。「恐怖と不安」は

「安心」でない状態であり、「無気力」とは「自信」がない状態であり、そして「選択肢がない」とは「自由」がないことである[12]。虐待という暴力を受けた子どもはこのような心理に追い込まれ、人間としての尊厳を失い、人間らしく生きる力を失ってしまってしまう。したがって、人権とは図2—2に示したように「人の生きる力」であり、「『わたし』が『わたし』であることを大切に思う心の力」であり、「私のいのちを尊重し、他者のいのちを尊重する力」であるということもできる[13]。

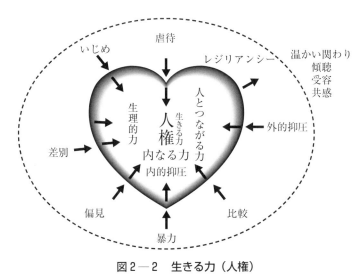

図2—2　生きる力（人権）

(出典) 森田ゆり：新・子どもの権利　生きる力が侵されたとき（岩波ブックレット）、p.23、2004、「図2　外的抑圧と内的抑圧」に一部加筆

3 児童の権利に関する条約

　「児童の権利に関する条約」は，1989（平成元）年11月20日，第44回国際連合総会において採択された。日本では，1994（平成6）年に批准された。最初の草案は，子どもの権利に先駆的な思想をもち，第二次世界大戦下ユダヤ人収容所で子どもたちと死をともにしたコルチャックの故国ポーランドである[8]。したがって，この条約には彼の実践が大きく影響を与えている。

　児童の権利に関する条約が制定された意義として次の4点をあげることができる[14]。①宣言から条約になったことによって法的拘束力をもつようになったこと，②客体から主体としての子ども観へと変化し，子どもは大人によって単に保護（protection）される存在ではなく，権利の主体として権利を享受（provision）し，権利の主体者として参加（participation）する存在として認められたこと，③権利行使の主体として子どもをみなし，年齢や発達の段階に応じて積極的に権利を保障していこうとするものであること，そして④子どもが生きていく上で必要と思われるあらゆる権利が含まれていることである。

　「条約」は，前文，本文54か条および末文から構成されている。前文では原則が示され，本文1条から41条では子どもの権利が具体的に規定されている。子どもの権利は，「生きる権利」「守られる権利」「育つ権利」「参加する権利」の4つに大別される*。42条から45条では普及，実施にかかわる手続き，46条から54条では署名，批准などにかかわる手続きが規定されている。この条約は，先に述べた受動的権利をすべての国々の子どもに保障されるようにあらためて確認しただけではなく，能動的権利を初めて明文化したことに重要な意義がある。

　特に能動的権利の特徴を端的に表しているのは，第12条の「意見を表明する

子どもの権利の4つの柱

　①生きる権利：防げる病気などで命をうばわれないこと。病気やけがをしたら治療を受けられることなど。②守られる権利：あらゆる種類の虐待や搾取などから守られること。障害のある子どもや少数民族の子どもなどはとくに守られることなど。③育つ権利：教育を受け，休んだり遊んだりできること。考えや信じることの自由が守られ，自分らしく育つことができることなど。④参加する権利：自由に意見をあらわしたり，集まってグループをつくったり，自由な活動をおこなったりできることなど。（ユニセフ："子どもの権利"の4つの柱，ユニセフホームページ）

権利」である。この条文には，第1に自己の見解をまとめる力のある子ども
は，自己に影響を与えるすべての事柄について自由に見解を表明する権利を有
すること（意見表明権），第2に子どもの見解を年齢・成熟に応じて正当に重
視すべきこと（子どもの見解の重視），第3に司法・行政手続きにおいて，子
どもに聴聞の機会が与えられなければならないこと（聴聞の保障）が規定され
ている[15]。子どもの最善の利益を，子ども自身が自ら判断するとともに，自己
にかかわる決定に自ら参加することによってその判断能力を形成していくため
にも，この「意見を表明する権利」は重要な意味をもっている。柏女も指摘し
ているように，「意見を表明する権利」が十分保障され，その意見が尊重され
ることによって，はじめて「児童の最善の利益」*が図られるのである[9]。

4　子どもの人権擁護と現代社会における課題

（1）子どもの養育の権利と義務─「子どもの権利」（子権）の尊重

　網野[8]や柏女[9]は，今日，子育てを親が一手に担うことによって強まる親の
権利（親権）と，子どもが生存し発達しようとする権利（子権）の対立が生じ
た場合，公権がこれにどのように介入し，調整していくかということが重要な
課題になってきていると指摘している。しかし，わが国の法制度は，親権の伝
統的な強さともあいまって，国（行政・司法），親，子の三者関係が欧米諸国
に比してあいまいであり，「公権」が「親権」や「私権」に対して「子権」確
保のために介入する思想や手段が限定的である[10]。親が子どもの権利を侵害
し，親権と子権が対立する子ども虐待に関しては，親権・子権・公権を調整す
る効果的なシステム構築が緊急の課題となっているが，「児童の権利に関する
条約」は，その思想と手段を考えていく上で多くの示唆を与えている。
　「児童の権利に関する条約」の第18条第1項は，子どもの養育責任に関する

児童の最善の利益
　児童の権利に関する条約の第3条に規定され
ている。児童にかかわるすべての措置をとるに
あたっては，公的・私的にかかわらず，すべて
の機関は，児童の最善の利益を考慮しなければ
ならないことが規定されている。

最も重要な規定である。ここには，①「児童の養育及び発達について父母が共同の責任を有する」こと，②「児童の養育及び発達について第一義的な責任を有する」ものは「父母又は場合により法定保護者」であること，③これらの養育責任者が常に考慮すべきことは「児童の最善の利益」であることを確認している。そして第2項において，国は親がこの養育責任を遂行するにあたり，適当な援助を与え，子どもの養護のための施設，設備，サービスを提供する義務があることを規定している。

　また，第9条第1項においては，親の意思に反する分離禁止の原則を明らかにし，次に司法機関が法律や手続きに従って親からの分離が子どもの最善の利益のために必要であると決定した場合は，親からの分離を認めている。さらに第19条には，子どもが親などによって，虐待，搾取されている場合，国は子どもを保護するために立法上，行政上，社会上そして教育上の措置をとることが規定されている。

　以上のことから，次の5点が確認できる[1]。第1に「児童の最善の利益」すなわち子どもの権利（子権）が最優先されることである。第2に親権は子どもに対しては養育責任の義務として理解され，公権に対しては養育責任の法的権利であること，したがって「児童の最善の利益」に反しない限り，親権が公権より優先されることである。第3に公権は親の義務である養育責任を援助しなければならないことである。第4は法的に「児童の最善の利益」に反しているとされた場合，例えば親が子どもを虐待している場合には，公権が親権に介入し，子どもを親から分離できることである。そして第5に公権は子どもが不当に取り扱われている場合，子どもを保護するため立法，行政，社会，教育上の措置をとることが必要であるということである。

（2）子どもの権利擁護システムの構築の必要性

　今日，子どもの権利は，健やかな成長・発達に係る育成的な側面から，いじめ，体罰，虐待，子どもの貧困などの権利侵害への対応という側面まで多様な形で権利保障がなされている。現代社会では，養育者が子どもの権利の代弁者あるいは権利侵害からの防衛という役割を担いきれないほど，社会構造が複雑多様化してきていることから，社会的権利擁護システムの構築が必要になってきた。同時に，養育者が，子ども虐待などの子どもの権利侵害を行っている場合にも，積極的介入を行う社会システムが必要になる[16]。

　これらの社会システムとして児童相談所など，子ども家庭福祉分野における権利擁護システム（内部システム）がある。しかし，内部システムではカバーしきれない問題，内部システムに対する養育者や保護者の不満について第三者の判断が必要となる場合などがある。そこで，今後，児童相談所などの内部システムに介入するためには，いわゆる外部システムと呼ぶべき権利擁護システム（「オンブズパーソン」組織や権利擁護機関）を構築していかなければならない[16]。

第3節　欧米における子ども家庭福祉の歴史

1　救貧対策による子どもの救済

（1）中世における子ども観

　中世では，封建社会*が崩壊し農民は領主の支配から自由になった。しかしその反面では領主からの保護を失い，困窮した農民は浮浪貧民となり都市へと流出した。共同体内部の相互扶助機能も弱まり，生活力のない子どもを扶養す

封建社会
　中世ヨーロッパの封建社会は荘園における領主と農奴の関係が基盤となって，相互扶助を特徴とする生活共同体を形成していた。病人や障害者，高齢者，孤児など問題を抱える者に対しては村落共同体のなかで助け合いが行われていた。

ることは困難になった。貧窮な子どもの数は増え，浮浪児となり物乞いや窃盗を繰り返した。浮浪児の取り締まりを目的として，ヘンリー8世時代に「1531年法」が制定された。この法律は，働ける年齢になると貧困の子どもを徒弟奉公など強制労働に出すものであった。幼くてまだ働けない子どもは，犯罪者や労働不可能な大人とともに教区の貧民院に収容された。栄養状態や衛生状態の劣悪な環境に置かれて，死亡する子どもが急増した。この1531年法は慈善とは異なり，貧民取り締まりのための治安立法であり，子どもにとって救済ではなく，重い足かせであった。その後，ヘンリー8世とその妻キャサリンの子であるメアリー・チューダーが即位したが，彼女は別名「流血のメアリー」と呼ばれ，非行少年に対する処遇はきわめて冷酷なものであった。

（2）エリザベス救貧法と子ども

　1601年には，全国統一法として「エリザベス救貧法」*が制定された。エリザベス救貧法のねらいは，徒弟制度によって貧困の子どもに労働義務を強制し，社会秩序を維持することにあった。このエリザベス救貧法は1834年に新救貧法が制定されるまでこの法律をもとに救貧行政が行われた。エリザベス救貧法は対象者を労働力の有無によって，①有能貧民，②無能貧民，③扶養者のいない子どもの3つに分けた。幼い乳幼児の場合は，「無能貧民」として扱われ，浮浪者や病人などと混同して不衛生な施設に収容されたため，多くの乳幼児が死亡した。また，教区委員および貧民監督官によって親が扶養できないと判断された子どもや孤児の場合，男子は24歳まで，女子は21歳または結婚するまで徒弟奉公に出された。徒弟奉公先としては，①自発的に子どもを受け入れる個人の親方への委託，②新工場で児童労働を必要とする製造業者への子どもの集団委託，③教区民に強制的に割り当てる，という3パターンがあった。このエリザベス救貧法にいたって，子どもに就労斡旋をし，教区徒弟という形で自活の

エリザベス救貧法
　イギリス絶対王政期エリザベス1世の治下において，1601年に制定された貧民救済のための立法。貧民救済という名目であったが，エンクロージャーや凶作によって増大した貧民に対処するために，貧民を労働能力のある者とない者とに区分し，労働能力のある者には強制就労させ，労働能力のない者には扶助を与え，子ども

は徒弟奉公に出すという具体的方策を打ち出した。貧民を抑圧的に管理し，社会秩序を保つことを目的としていた。

道を開いたと評価されるが，一方で労働こそが貧困の子どもを訓練する最善の方法であるという考えが基礎になっていたことは同法の限界である。

（3）産業革命と子ども

　ジェニー紡績機の発明（1764年）に端を発した産業革命時代には，子どもは安価な労働力として，劣悪な条件下で過重労働に追いこまれた。1722年に労役場テスト法が制度化されて以来，孤児や貧困の子どもは労役場*で集団雇用された。この労役場は子どもにとって徒弟奉公以外の働き先となった。幼児期からの過酷な労働はしばしば16時間にもわたった。煙突掃除中にすすの中で窒息死した4歳の子どもがいたという記録も残っている。子どもの中には伝染病や栄養失調にかかり死んでいく者も多かった。当時の児童労働の悲惨な状況はディケンズ（Dickens, C.）の代表作『オリバー・ツイスト』に描かれている。苦しまぎれに工場から逃げ出す子どもも増え，捕らえられて足に鎖をつけたまま働かされることもあった。子どものあまりの惨状に将来の労働力の枯渇を案じる声がイギリス議会の児童労働調査委員会からあがったのは当然のなりゆきであった。

　こうして，子どもに「救済」という名目で労働を強いていたことに対して社会から見直しの声が高まった。そのあらわれとして児童労働の規制という政策がとられた。1802年に「徒弟法」（教区徒弟の健康および道徳の保持に関する法律）が制定されたのはこのような背景がある。児童労働に関して，子どもの1日の労働時間を12時間以内とし，男女による宿舎の分離，宗教教育の実施などがあげられた。大人の従属物，生産労働力としての子ども観を反省し，保護すべき対象として子どもの労働を規制する見直しがなされたことは画期的である。徒弟法は工場法の前駆的形態であるが，同時に救貧法の改正という性格を併せもっていた。しかし，この徒弟法はいまだ不完全であり，以後改正を重ね

労役場（workhouse）

　イギリスの救貧法における収容施設。貧困を怠惰に起因するとみなし，労働能力のない貧民には救済を行う一方，労働能力のある貧民は労役場に収容し強制作業所で就労させた。1722年の労役場テスト法によって制度化されて以来，救援抑制を目的にロンドンを中心に普及した。

なければ実質的には子どもの労働条件は改善されなかった。

2 児童保護の成立

（1）社会事業と児童保護

　18世紀頃から，一般市民の間にも，工場における過酷な児童労働に対する人道主義的反動が起こり，博愛事業*が始められた。これは，中世の宗教的な動機を発端とする慈善事業とは異なり，新興ブルジョワジーが中心となり，弱者への哀れみを原動力とする個人の自主的な活動であった。慈善学校活動が徒弟学校，職業学校へと発展し，教育の機会提供への運動となっていった。

　当時，木綿紡績工場を経営していたロバート・オーエン（Owen, R.）は子どもの悲惨な労働状況を目の当たりにし，イギリスからこのままでは子どもがいなくなってしまうと危機感を抱き，子どもの労働条件の改善，教育の必要性を訴えた。オーエンの運動の影響もあって，1833年には「工場法」により，子どもは以前よりは人間らしい扱いを受けるようになった。工場法では，最低雇用年齢を9歳とし，13歳未満の子どもの最長労働時間を9時間として，子どもの夜間労働を禁止した。また，工場で働くすべての子どもに対して1日2時間の通学を義務づけた。この工場法は子どもを「大人のミニチュア」としてでなく，発達途上にある未熟な者という視点をとったことで，新しい子ども観の基盤を形成した。

　1834年の「新救貧法」では，全国統一的な救貧行政として院外救済が廃止され，労役場制度が採用された。しかし，新救貧法は劣等処遇の原則*に基づき，従来の惰民観を保ったままであった。この時期には，新救貧法の影響を受けて救貧法学園*が設立された。例えば，ドイツでは牧師ヴィッヘルン（Wichern, J.）が非行少年保護のための感化院「ラウエ・ハウス」（Rauhe-

---

博愛事業（philanthropy）
　18世紀は「博愛の世紀」といわれるほど博愛事業が盛んであった。当時の過酷な児童労働への反動として起こった人道主義的運動。宗教的な理由による中世の慈善とは異なり近代的な性格をもち，教会主導型ではなく個人の自主的な参加組織であった。啓蒙思想を基盤とし，慈善学校や慈善病院の活動を中心に養護施設や監獄

改良など広域に展開した。

劣等処遇の原則（principle of less-eligibility）
　レス・エリジビリティの原則ともいう。イギリスの新救貧法（1984年）に始まる。救済事業による救済水準は，一般に自活している最低階級の労働者の生活水準・労働水準よりも低いものでなければならないとする原則のこと。

Haus) を，フランスではドゥメッツ（Demetz, F.）が犯罪児童の収容施設「メットレー感化院」（Mettray）を設立した。ヴィッヘルンやドゥメッツの実践に刺激され，イギリスでは1870年にトマス・バーナード（Barnardo, T.）が児童ホーム「バーナード・ホーム」を設立した。ちなみに，イギリスでのちに発展する里親制度はこの小舎制のバーナード・ホームをモデルとしている。

　1883年にはリヴァプールで児童虐待防止協会が結成され，この運動は全国に広がり，1889年には「児童虐待防止法及び保護法」が制定された。社会的に弱い立場である子どもを法律によって保護したのはイギリスの子どもへの福祉ではこれがはじめてのことであった。このように産業革命期以来，工場で働く子どもの危機的状況により，これまでの子ども観における問題点が顕在化したため，その対策として多くの児童保護立法が制定された。これまでは窃盗など犯罪を犯した場合，年少の子どもまでが群集の目の前で絞首刑に処せられ，人々はこれを見世物として見物した。6歳や9歳の子どもが盗みをしたために死刑となった記録も残っている。このような現状を憂えてメアリー・カーペンター（Mary Carpenter）*は，犯罪児童の過酷な処遇を改善するべく矯正学校を設立した。

　1908年の「児童法」においては，犯罪を犯した子どもを成人と同様に処罰することはなくなり，「児童」を14歳未満の者，「少年」を14歳以上16歳未満の者と年齢によって区切った。そして，罪を犯した「児童」には，自由刑に代えて，「児童」の更生の可能性を配慮して授産学校への送致をいいわたすようになった。「少年」については懲役刑が禁止され，拘束刑についても一定の制約が設けられた。犯罪を犯した12歳から16歳までの「児童」については，矯正学校に送られることとなった。このように子どもの将来の可能性を重視した子ども観に転換していった。

救貧法学園

　ドイツでは，牧師であったヴィッヘルン（1808〜1891）がハンブルク郊外のホルンに開設した非行少年保護のための農園感化院「ラウエ・ハウス」が有名であり，農業，宗教を基本として少年の教護を行った。またフランスでは裁判官であったドゥメッツ（1796〜1873）が設立した「メットレー感化院」がある。ドゥメッ

ツは刑務所における少年受刑囚の取り扱いに失望したことから感化院設立に踏み切った。メットレー感化院では家族制度と農業を基本とし，田園学校のなかで犯罪児童の教護を行った。

メアリー・カーペンター

　18世紀末から19世紀初め頃は，多くの子どもは窃盗の罪で成人と同じく絞首刑に処せられ

（2）子どもの世紀と子ども観の発達

　フィリップ・アリエスは『〈子ども〉の誕生』*において，近代以前の社会では子ども期はなかったことを記している。古代・中世社会では，大人は子どもを遺棄しても，殺しても咎めを受けることはなく，子どもは「大人の従属物」でしかなかった。近代社会でも，子どもは「労働力としての児童」であり，働き手という意味で「小さな大人」でありつづけた。しかし，児童労働を搾取したことへの反省とともに，次代の国民となる子どもを大切にしようという気運が高まる。しかし，子どもを手段ととらえる見方にかわりはなかった。その後，ルソー，ペスタロッチ，フレーベル，オーエンなどの教育理論や実践が土台となり，子どもの権利への認識が高まるとともに，中世・近代の「受動的な児童」観から脱し，近代以降に「権利主体としての子ども」観へと意識転換がなされていく。1900年にはスウェーデンの女性思想家エレン・ケイ*（Ellen Key）が『児童の世紀』を著し，子どもへの教育の必要性，社会階層とは無関係な公立学校の普及，子どもへの体罰の禁止を説き，子どもへの正しい理解と尊重を訴えた。

3　子ども家庭福祉の展開

（1）子どもの権利保障をめざして

　アメリカでは就学義務立法に伴って，児童労働の禁止，非行少年を対象とする特別裁判所の設置など子どもの環境改良運動が展開された。1909年にセオドア・ルーズヴェルト大統領が「第1回児童と青年のためのホワイトハウス会議」（白亜館会議）を開催し，児童労働や義務教育の問題を論点とした。これにより1912年に労働省に児童局が創設された。要保護児童について，「児童は緊急やむを得ない理由によるほか，家庭を奪われるべきでない」というその後

た。彼女は教師として1845年にブリストルの貧民学校の開設に参加した。彼女は犯罪児童を更生させるには慈愛と厳しさで訓育する施設が不可欠であると確信し，1851年『亡びゆく危険な階層の児童と犯罪児童少年のための矯正学校』という著書の中で，矯正学校設立の必要性を説き，これが議会で取り上げられ，矯正学校設立に至った。

『〈子ども〉の誕生』
　フランスで1960年に出版されたフィリップ・アリエスの著作。子ども期は近代になってから誕生したものであり，それまでは子どもは「小さな大人」として扱われていたとして，子どもは子どもとして育てられなければ子どもにはならないことを説いた。1980年に邦訳され，わが国にアリエス・ショックをもたらした。

の子ども福祉の基本となる家庭中心主義を打ち立てたのも，この会議において
である。以降，ホワイトハウス会議は約10年ごとに開かれている。1930年の第
3回ホワイトハウス会議では，「児童憲章」が採択され，子ども福祉における
社会保障制度に道筋をつけた。その結果1935年の「社会保障法」において，は
じめて子どもの保護は連邦レベルでの政策課題として取り組まれることとなっ
た。

　子どもを扶養する貧困家庭を対象とした「要扶養児童家族扶助*」（AFDC）
も創設された。AFDCは親の不在，障害，死亡，失業によって養育を欠く18歳
未満の貧困の子どもの援助を目的とする世帯単位の現金扶助制度である。1965
年にはジョンソン大統領の肝いりで「貧困戦争」の一環として，包括的な就学
前教育プログラムであるヘッド・スタートが開始された。これは危機的状況に
いる家族に対して，乳幼児期より早期教育の充実をめざしたものである。1970
年の「児童および青少年に関するホワイトハウス会議」では，「保育法立案」
の提出が検討され，これをきっかけに保育政策への関心が高まった。

　またアメリカは子ども虐待対策に積極的に取り組んでおり，1974年には上院
議員モンデールによって「児童虐待防止対策法」が成立した。これにより子ど
も虐待・放任全米対策センターが設置され，虐待の早期発見をめざすこととと
なった。通報の増大は虐待・放任児童のその後の処遇を社会問題化したが，多
くの子どもは里親が見つかるのを待機して施設生活を余儀なくされている。
レーガン大統領は1988年の年頭教書において，養子の促進を訴え，「家庭を必
要としている子どもたちが彼らを欲しがり，愛してくれる家族に歓迎されるよ
うにするため努力する」と国民に誓った。このようにアメリカでは子どもの成
育過程において「家庭」を最重要課題として位置づけている。つまりアメリカ
の子どもの福祉は第1回ホワイトハウス会議以来，家庭生活の強化を政策的に

エレン・ケイ
　婦人問題研究家としても知られる。1900年
『児童の世紀』を著した。戦争の脅威のなか，新
しい20世紀を平和な世界にするためにはまず未
来を担う子どもを教育することから始めるべき
と主張し，「児童中心社会」を唱えた。

要扶養児童家族扶助
　シングルマザーとその子どもを対象者とする
全米で最大規模の公的扶助。クリントン大統領
政権になって，受給期間が2年間，生涯通算の
受給期間は5年間に限定された。この制限の背
景には，シングルマザー増加に歯止めをかけ
て，家族の再構築を図ろうとする政策がある。

推進しているといえよう。

　イギリスでは，1942年に「ゆりかごから墓場まで」のスローガンで有名なベヴァリッジ報告*が出され，児童手当は第1子から支給することなどが提案された。この背景には政府内に出生率の低下に基づいて「イギリス民族存続」の危機意識が広まり，児童保護が至上命令とみなされたことがあげられる。このベヴァリッジ報告によってイギリスは福祉国家への道を辿ることとなる。1946年にはデニス・オニール事件*（里子の子ども虐待による死亡事件）をきっかけにカーティス委員会が設置され，単一の中央行政機関の設置，家庭的養護の重視などが勧告された。このカーティス委員会の報告を受けた1948年の「児童法」では里親養護が強化された。そして1951年にボウルビィ（Bowlby, J.）はWHOの要請を受けて報告書『乳幼児の精神衛生』をまとめた。その報告書では母子関係の重要性について記し，ホスピタリズム*の弊害を指摘し，家庭保育および家庭的保育の必要性を論じている。この報告により，子どもの福祉サービスは要保護児童中心型から家庭における育児支援へと広がりをみせた。1980年には予防的側面と保護的側面を統合した「児童保護法」が成立した。そして1989年の「児童法」では，地方自治体の責任の明確化，18歳までの子どもへの親の養育・監護責任の明確化，子どもの権利擁護などが強調された。また，同法では，里親制度や家庭的保育，施設保育を含む幅広い内容で記されている。

（2）権利主体としての「子ども」観

　世界の動向として，1924年に国連第5回総会において採択された「ジュネーブ児童権利宣言」では，「子どもの最善の利益」を謳い，人種や国籍を問わず，子どもの人権を守ることを人類共通の義務とした。第二次世界大戦後には，1945年に「国連憲章」，1948年には「世界人権宣言」が採択され，人権擁

ベヴァリッジ報告
　1942年にウィリアム・ベヴァリッジによってイギリス政府に提出された報告書。この報告書は『社会保険および関連サービス』と題されており，それまで体系的に行われてこなかった社会保障のあり方を具体化させた。「ゆりかごから墓場まで」というスローガンのもとに子どもの福祉施策から高齢者福祉施策までそれぞれの

ライフコースに応じた社会保障を打ち立てた。これによって戦後，イギリスが福祉国家となる礎が築かれた。

デニス・オニール事件
　1939年11月，当時7歳のデニスと第2人，妹1人が全国児童虐待防止協会の調査員によって保護された。その後1944年にデニスは里子とし

護への世界的取り組みがなされるようになった。

　1959年11月20日，国連総会において「児童の権利宣言」が採択された。これは1948年の「世界人権宣言」の流れをくんでおり，子どもの基本的人権と自由を謳い，すべての国家，政府，団体，家族，親の子どもの福祉に対する責任を明らかにしたものである。1989年，国連第44回総会において採択された「児童の権利に関する条約」（「子どもの権利条約」）では，すべての子どもの保護と基本的人権の尊重をめざして「3つのP」が掲げられた。この3つのPとはすなわち，①所有あるいは利用に関する権利（provision），②保護に関する権利（protection），③参加に関する権利（participation）である。この条約を受けて1990年にはニューヨークで「子どものための世界サミット」が開催された。サミットでは子どもの生存，保護，発育に関する「世界宣言」および「行動計画」が採択された。子どもをテーマとして，世界各国の71名の大統領や首相が一堂に会したことはまさに画期的な出来事であった。子どもの権利条約には3つの「選択議定書」が作られている。①「子どもの売買，子ども買春及び子どもポルノグラフィーに関する選択議定書」（2002年1月発効，日本は2005年1月批准），②「武力紛争における子どもの関与に関する選択議定書」（2002年2月発効，日本は2004年8月批准），③「通報的手続きに関する選択議定書」（2014年4月発効）の3つである。このように子どもの人権擁護に向けてユニセフ（国連児童基金）をはじめ世界中でさまざまな取り組みが展開されている。

て農家に預けられた。しかし里親はデニスを虐待・放任し，1945年デニスは死んでしまった。その死因は胸と背中に受けた暴行による心臓衰弱であり，栄養失調であった。実親の虐待から逃れたはずのデニスが里親によってさらなる虐待を受け，死に至ったというショッキングな事件である。

ホスピタリズム
　施設で養育される子どもは家庭で養育される子どもに比べて，心身の発達が遅れる，または神経症的傾向，対人関係の障害があるという考え方であり，「施設病」とも呼ばれる。

第4節　わが国における子ども家庭福祉の歴史　*45*

第4節　わが国における子ども家庭福祉の歴史[18]

1 江戸時代までの児童救済

（1）古代の児童救済

　古代において，子どもは親の所有物として，勝手に親が処分していた。子どもの誕生は，家族や社会の繁栄として喜ばれる。しかし，一方では，社会が貧しく多数の人を養うことができないため，子どもが増え過ぎることは好ましくないとされていた。

　子どもが親と死別するなどの困難に陥ったときの解決は，所属する氏族の内部での相互扶助に頼っていた。このことは成人の場合も同様であり，長い間，血縁・地縁の相互扶助による解決が一般的であった。数少ない例外として，極貧で身寄りのない老若男女を収容する施設としての悲田院*などが皇族・貴族や寺院の行う慈善により設けられていた。

　血縁・地縁の相互扶助に関する法的規定として，718（養老2）年に完成した「養老律令」*は，身寄りのない老幼は近親が引き取って世話をし，近親がない者は坊里（近隣）が援助することを定めている。

（2）中世の児童救済

　鎌倉時代には，庶民の子どもは労働力として売買されていたが，幕府はこうした子どもの売買をたびたび禁止した。この時代の仏僧叡尊，忍性などは，乞食・免囚者などを救済したり，悲田院を作るなど，窮民救済を行った。

　室町時代から戦国時代は，戦乱のため庶民の生活は窮迫する一方であり，堕胎・間引き・棄児が行われ，あるいは子どもが商品として売買されていた。こ

悲田院

　貧窮孤独者の収容所。593（推古元）年聖徳太子が四天王寺の建立に際して四箇院の一つとして設けたのが最初とされるが（続 日本紀），これには異説もある。723（養老7）年に興福寺，730（天平2）年光明皇后によって設立され，その後も古代から近世にかけて，京都・鎌倉・大坂などにも設置された。

養老律令

　718（養老2）年大宝律令を改正する形で成立し，757（天平宝字元）年に施行。その中の戸令鰥寡条に「鰥寡孤独貧窮老疾」で自ら生活できない者への世話・援助を定めている。この場合，世話や援助を受ける者にも口分田が与えられるので経済的な負担は少ない。

の時代にも仏僧を中心として，棄児・病人・免囚等の保護が行われた。

室町時代末期には，キリスト教的慈善が行われている。ポルトガル人アルメーダは来日後イエズス会に入会，私財を投じて豊後府内（大分市）に育児院を設けた。そのほかにもキリスト教徒による救済が行われた例が数例ある。

（3）近世の児童救済

江戸時代，幕府は朱子学を政治の基本思想とし，仁によって国を治めるという王道思想が治世の理念となり，諸藩に名君といわれる人物が現れた。そのため，この時代は宗教的慈善も行われたが，それよりも儒教的な慈恵*が多く行われたのが特色である。

この時代も，庶民の生活は苦しく，間引き・棄児・人身売買なども多かったが，幕府・諸藩にとって，このことは人道にもとるだけでなく，領内の人口の減少は租税収入にも影響するので，為政者は対策に腐心した。

加賀藩主前田綱紀は，1670（寛文10）年非人小屋*を設け，子どもを含む浮浪者177人を収容保護するとともに将来の自立を指導した。

老中松平定信は1791（寛正3）年江戸に町会所を作り，翌年より町費の7割を毎年積み立て，非常の際の貯蓄とさせ（七分積金），さらに窮民御救起立によって貧窮者の救済を定め，「10歳より下の孤児についての救貧に町内積金を利用すること」とした。こうして町会所と積金は幕末に至るまで，地縁による窮民救済の中心的役割を担っていた。この時代に上総の豪農大高善兵衛は孤児30余人を施設を作って養育保護している。

江戸時代にも，親による人身売買や子殺しは依然としてあり，為政者は禁令を出すことが多かったが，積極的な児童救済は少なかった。諸藩や江戸・大坂等，それぞれの施策として，棄児・間引き・堕胎の禁止令，子ども養育不能の申出制，すべての子どもの届出制，近隣の相互連帯制，貧困な老幼への扶持米

慈恵

王族・貴族・封建領主などの身分的上位の者が領民等の下位者に恩恵的な施与を行うこと。古代から近代より前までの実施が多いが，わが国では明治時代に天皇の名の下に行われたこともあった。身分制度のなくなった現代では原則として存在しない。

加賀藩非人小屋

加賀藩主前田綱紀が設けたもの。領内の浮浪者を収容し，食料・衣類などを給した。縄・草履などを生産させて得た金は貯蓄させ，将来できるだけ小屋を出て生業によって自立させる方針をとった。この施策は成功し，明治に至るまで続けられる。加賀藩ほど大規模ではないが，他藩や京都・大坂などにも例がある。

支給，第2子以降への養育料1年間給付等が行われた。しかし，生活困難への対処は依然として血縁・地縁による相互扶助を原則にしていた。

2 近代の児童保護

（1）明治期の児童保護

　明治政府は富国強兵策をとり，また社会の近代化を図った。子どもや成人の救済は，前の時代よりも積極的に行われた。1871（明治4）年に「棄児養育米給与方」*，1873（明治6）年に「三子出産ノ貧困者へ養育料給与方」*を定めた。

　1874（明治7）年には，「恤救規則」*が布達され，貧窮者救済を規定し，満13歳以下の極貧の孤児については年米7斗を給与するとした。恤救規則は救済について，親族・隣保における人民相互の情誼による解決を原則とし，それが不可能な無告の窮民のみを公的に救済するとしたが，一時的恣意的な救済ではなく全国的な制度であり，わが国の公的救済史上画期的なものであった。

　このように政府による救済は居宅救済であった。施設入所による救済保護は主として民間の手によって行われていた。明治期は子どもに関する救済保護事業が他分野にもまして活発に行われたのが特徴であり，保護の施設も子どもを目的としたものが多かった。しかし，なかには東京府養育院のように成人中心で子どもをも収容したものもあった。

　児童保護施設*としての孤児院は1869（明治2）年松方正義によって大分県に日田養育館が設けられ，その後キリスト教や仏教の関係者などによって横浜，長崎，東京，神戸，函館などでも育児事業が始められた。1887（明治20）年には石井十次による岡山孤児院が開設された。

　感化院（児童自立支援施設）の設置の必要性は，早くから論議されていた。

棄児養育米給与方，三子出産ノ貧困者へ養育料給与方
　ともに太政官より出された規則。「棄児養育米給与方」は，数え年15歳未満の棄児を養育する者に年に米7斗を支給することを定めたもの。「三子出産ノ貧困者へ養育料給与方」は，三つ子を出産した貧困者に一時金5円を支給するとした。

恤救規則前文
　済貧恤窮ハ人民相互ノ情誼二因テ其方法ヲ設ヘキ筈二候得共目下難差置無告ノ窮民ハ自今各地ノ遠近二ヨリ五十日以内ノ分左ノ規則二照シ取計置委曲内務省へ可伺出此旨相達候事

1884（明治17）年池上雪枝が創設し，翌年の東京感化院，1899（明治32）年留岡幸助の家庭学校など，多数の感化院が設立されている。そして1900（明治33）年の「感化法」制定によって制度化されることになったのである。この感化法は，わが国における子どもの施設に関する最初の法である。他の子どもの施設は依然として法制度の外に置かれていた。

知的障害児施設は，1891（明治24）年石井亮一による滝乃川学園，1909（明治42）年に京都白川学園が作られている。この当時，知的障害児への救済保護は未発達で，1919（大正8）年の全国感化院入所児童の40％以上が知的障害児であり，一部は孤児院にも入所していた。

このように子どもの施設保護は，明治になって成人からの分類収容が行われ，さらに子どもの中で養護児童・知的障害児童などの問題別分類収容も行われた。これらの分類収容は，現在の施設処遇の原型になっている。

（2）大正期の児童保護

大正期になると，産業の近代化の中で，安価な労働力として，婦人・子どもが酷使され，子どもの労働時間が16〜17時間に及ぶことも多く，なかには5〜6歳で町工場で働かされる例もあった。こうした苛酷な児童労働を制限するため「工場法」が1916（大正5）年に制定された。

大正期には婦人の労働の増加により，託児所*（保育所）の設置が活発化し始めた。1911（明治44）年に全国で18か所であったが，1926（大正15）年には265か所となっている。

また，この頃から孤児院は育児院*とも呼ばれるようになるが，1922（大正11）年に全国の育児院入所児および里子・徒弟としての委託児の総数は6,700人（内訳は貧児47％，孤児23％，棄児18％，その他12％）となっている。

1924（大正13）年に国際連盟で，児童の人権に関する宣言（ジュネーブ児童

初期の児童保護施設
1869（明治2）年日田養育館，次いで1872（明治5）年横浜慈仁堂，1874（明治7）年浦上養育院，1877（明治10）年神戸女子教育院，1979（明治12）年福田会育児院などが設立された。

初期の託児所
1890（明治23）年新潟で赤沢鍾美・仲子が家塾新潟静修学校に付設託児所を作り，1900（明治33）年野口幽香・森島峰が貧民のため東京に二葉幼稚園を設立した。大正になると増加し始め，紡績工場・炭鉱などの託児施設や農繁期のみ開設されるものもあった。民間事業が多かったが，大正中頃より公営託児事業も実施される。

第4節　わが国における子ども家庭福祉の歴史　**49**

権利宣言）が採択され，子どもの人権が国際的に確認されるが，これによって，わが国でも児童保護制度の整備が進められることになった。

（3）昭和前期の児童保護

1929（昭和4）年に「救護法」が公布，1932（昭和7）年に施行された。救護の対象は恤救規則よりも拡大され，孤児院も法による救護施設となった。この救護法施行当初の被救護者全体の中での子ども関係の割合は，幼者が44.5％，妊産婦が0.7％，幼者を保育する母が0.5％であった。

1933（昭和8）年には「児童虐待防止法」，「少年教護法」が制定された。社会不安と生活苦から，子どもを酷使するなどの虐待傾向が増加したためであり，また，少年非行の増加に対応したものであった。

育児院入所児数は1934（昭和9）年で4,042人であり，育児院の多くは高齢者などとの複合施設か複合収容*であった。複合施設や複合収容が多いのは経済的な理由と思われる。

1937（昭和12）年「母子保護法」が制定されたのは，経済的困難による母子心中が多発する中でのことである。1938（昭和13）年には「社会事業法」が新しく制定され，社会事業として育児院・託児所その他の児童保護，産院その他の助産保護の事業がある。

3　子ども家庭福祉の成立と展開

（1）子ども家庭福祉の成立

1945（昭和20）年に第二次世界大戦が終了したが，戦災による孤児も多く，巷には浮浪児があふれたため「戦災孤児等保護対策要綱」が作成され，国家による子どもの保護対策が始まり，1947（昭和22）年には「児童福祉法」が成立した。

育児院の設置数
　1922（大正11）年には，育児院が全国に114施設，収容児童が4,830人，これとは別に里子・徒弟としての家庭委託児が1,870人である。1934（昭和9）年には，施設数129，児童数4,042人であった。

複合収容（・分類収容）
　老若男女障害者等の区別なく，同一舎，同一部屋に収容するのが混合収容，反対が分類収容である。複合収容は，児童・老人・障害者等を同じ施設内の別棟等に分けて収容すること，複合施設は大規模施設内に児童・老人・障害者などの施設群があるものをいう。

児童福祉法第1条，第2条は，すべての児童の健全育成が全国民の責務であり，国・地方公共団体も責任を有することを謳った。このことは従来の消極的な児童保護から，積極的な健全育成への画期的な転換である。

「すべての児童の健全育成」とは，日本国籍の有無にとどまらず，すべての児童である。また健全育成のすべてが児童福祉の業務とされるのではなく，児童福祉の業務は，「健全育成に欠ける児童への福祉的援助（健全育成）」と解すべきである。そして第1条，第2条にいう健全育成の原理は，必ずしも児童福祉の範囲にとどまらないため，第3条において他分野の法令にも，この原理が及ぶとしたのである。

1951（昭和26）年，「児童憲章」が内閣総理大臣の招集した児童憲章制定会議によって制定，宣言される。

児童福祉法制定後も，障害児施設の多様化，里親・保護受託者の法への追加，障害児通園施設・情緒障害児施設の新設などが行われる。

法体系においても，「児童扶養手当法」，「特別児童扶養手当等の支給に関する法律」などの社会手当法，「母子及び寡婦福祉法」，「母子保健法」による充実が図られた（表2—3）。このうち「児童手当*法」は，その後も何回か改正された。

表2—3　児童福祉関係の法体系の整備

西暦	和暦	法　　　律　　　名
1961	昭和36	児童扶養手当法
1964	39	母子及び寡婦福祉法（母子福祉法）
1964	39	特別児童扶養手当等の支給に関する法律（重度精神薄弱者扶養手当法）
1965	40	母子保健法
1971	46	児童手当法

児童手当

　諸外国では家族手当と呼ばれ，社会保障制度の重要な位置を占めている。社会保障の他部門より遅く成立発達するため，最後の社会保障といわれる。わが国では1971（昭和46）年に児童手当法が制定され，以後何回か改正されている。先進諸国と比べて，支給期間が短く，支給に所得制限があり，金額も少ない。

第4節　わが国における子ども家庭福祉の歴史　*51*

（2）子ども家庭福祉と新しい子どもの問題

　1981（昭和56）年，将来予測される少子化社会への対応について「今後のわが国の児童家庭福祉の方向について（意見具申）」が中央児童福祉審議会で協議されている。また，1994（平成6）年，厚生・文部・労働・建設の各省合意によるエンゼルプラン（「今後の子育て支援のための施策の基本方向について」）が策定され，少子化進行の防止のため，子どもを産み育てやすい環境をつくろうとする基本方向が打ち出された。

　そして，1990（平成2）年の社会福祉関係8法改正，1997（平成9）年の児童福祉法改正によって，児童ホームヘルプサービス事業，ショートステイ事業，デイサービス事業，児童家庭支援センター，放課後児童健全育成事業，児童自立生活援助事業などの児童福祉法に居宅生活を援助するための事業・施設が多数加えられた（表2—4）。

表2—4　児童福祉の事業・施設の発展

西暦	和暦	事　業・施　設
1981	昭和56	「今後のわが国の児童家庭福祉の方向について（意見具申）」
1990	平成2	社会福祉関係8法改正
		児童居宅生活支援事業
		児童居宅介護等事業（児童ホームヘルプサービス事業）
		児童短期入所事業（児童ショートステイ事業）
		児童デイサービス事業
1993	5	育児休業法
1994	6	児童の権利に関する条約（日本国において発効）
		「今後の子育て支援のための施策の基本方向について（エンゼルプラン）」
1997	9	児童福祉法改正
		児童家庭支援センター
		放課後児童健全育成事業
		児童自立生活援助事業
		虚弱児施設廃止
2000	12	児童虐待の防止等に関する法律（児童虐待防止法）
2004	16	児童虐待防止法改正（定義規定の見直し，国等の責務の見直し）
		児童福祉法改正（児童相談に関する体制の充実）
		子ども・子育て応援プランの策定（平成17〜21年度）
2006	18	認定こども園法制定（認定こども園の創設）
2009	21	育児・介護休業法改正（短時間勤務制度の義務化等）
2012	24	児童手当法改正（子ども手当の廃止と児童手当の復活）
2013	25	待機児童解消加速化プランの策定

注）2014（平成26）年以降については，第12章第2節（p.191）参照。

52   第2章　子ども家庭福祉と子ども家庭福祉の歴史

　児童福祉法の改正は，施策の重点を子ども家庭福祉へと転換し，家庭居住型・支援援助型・契約利用型の福祉の方向を打ち出している。地域に住む子どもへの援助・支援が重視されることによって，居宅の要保護児童へのサービスとともに，一般健常児への予防的な健全育成サービスも増加している。

　1993（平成5）年に「育児休業法」が制定され，1994（平成6）年には「児童の権利に関する条約」が，わが国においても発効した。

　戦後70年余を経て，子どもの健やかな成長を阻害するさまざまな問題が生じている。これまで福祉施策の対象児童は，親の不在や貧困を理由とするものが中心であったが，最近では，いじめ，不登校などの問題にみられるように，両親もそろっていて，経済的にも中流程度以上という一般的な家庭の子どもが，何らかの福祉的援助を必要とする問題が増加している。子ども家庭福祉の重要性，一般健常児への予防的な家庭児童健全育成サービスの重要性も増加している。

第5節　子ども家庭福祉の先達者[18]

　本節では，一般的な履歴事項を少なくし，それに代わって各人物の子ども家庭福祉への「動機と情熱」および「その人物の残した名言」を多く入れることで，歴史として学ぶだけでなく，読む人の人生そのものへの指針ともなり得るように努めた。

1　留岡 幸助（1864〜1934）

　岡山県の生まれ。キリスト教牧師から北海道空知集治監の教誨師となる。受刑者たちと接するうち，凶悪犯罪者の多くが，14〜15歳のとき，すでに親の手

にあまる不良少年であったことを知り，犯罪者の教誨よりは少年時にこれを善導する必要性を痛感する。苦心して渡米し，約1年間感化監獄等で働きつつ実践と理論を学び，1899（明治32）年帰国後，東京に家庭学校を創設，その後北海道にも分校を開設した。感化方針として，小舎夫婦制*による家庭的処遇を行ったが，この寮舎運営方式は次第に全国に普及，わが国の感化教育のモデルとなった。留岡は後には内務省嘱託を兼務し，地方改良事業にも尽力した。

＜留岡の言葉＞
①一路白頭に到る〔留岡の生活信条〕。
②能く働かせ，能く食わせ，能く眠らしめる〔感化教育の三能主義〕。
③教えること（知育），治めること（清潔・清掃などの監督），化すること（感化）は，感化事業経営の3要件である。

---

2 石井 十次 (1865～1914)

　宮崎県の生まれ。郷里で働いたのち岡山医学校に入学。休暇で帰省途上に新島襄の同志社設立趣意書を読んで感銘し，国家のために尽くすことを思う。農村で医師の代診をしていたとき，子連れの女遍路の子のほかに2人の子どもを預かる。医師になることをやめ，孤児のために生涯を捧げることを決意し，岡山孤児教育会（のちに岡山孤児院と改称）を創設した。この孤児院は一時期1,200人を入所させたこともあり，海外にも名を知られた。石井は晩年には大阪の貧民街に岡山孤児院の分院を作って夜学校・保育所を経営したり，宮崎県に里親村を計画した。

＜石井の言葉＞
①天は父なり，人は同胞なれば，互いに相信じ相愛すべきこと（岡山孤児院憲法）。
②家族主義・委託主義・満腹主義・実行主義・非体罰主義・宗教主義・密室教

小舎夫婦制
　小舎制と夫婦制とを併せた形。夫婦小舎制ともいう。小舎制とは，寮舎への収容形態で，小さい寮舎に10～14名程度の小人数の子どもを居住させて生活指導をする形態であり，家庭舎制ともいう。反対は大舎制であり，寄宿舎制・兵舎制ともいう。夫婦制とは，夫婦で指導する形態（勤務形態）である。

54　第2章　子ども家庭福祉と子ども家庭福祉の歴史

育・旅行教育・米洗教育・小学教育・実業教育・托鉢主義（岡山孤児院12則）。

3 石井 亮一（1867〜1937）

佐賀県の生まれ。立教女学校の教頭であったが，濃尾震災で少女が売春婦として売られているのを知り「普通の女子教育は世間その人あり，余はそれらの不幸なる少女を引取り家庭教育と学校教育との調和を計らん」と職を辞し，1891（明治24）年孤女学院を開設。その中にいた知的障害児2名の教育に苦心したことから，知的障害児の教育に生涯を捧げることを決意する。同年渡米し視察研究，翌年帰国後日本最初の知的障害児施設滝乃川学園*を創設。1898（明治31）年にも渡米研究し，豊富な学識と経験により，わが国の知的障害児処遇の道を切り拓いていった。

> ＜石井の座右の銘＞
> 愛は寛容にして慈悲あり。愛は誇らず，己の理を求めず，憤らず，人の悪を念わず，凡そ事忍び，凡そ事望み，凡そ事耐うるなり（コリント前書13章）。

4 糸賀 一雄（1914〜1968）

鳥取県生まれ。一時期小学校教員をした後，滋賀県庁に勤める。障害児教育の実践家池田太郎・田村一二などとの交わりから，知的障害児の福祉に関心を持ち，戦後の1946（昭和21）年に知的障害児施設近江学園を創設，池田・田村らの要請もあって園長となる。その後も信楽学園・びわ湖学園など数多くの施設の設立を推進するなど，戦後の知的障害児・者処遇問題の理論・実践両面の開拓者として活躍する。発達権保障を提唱し，心身障害問題総合研究所を設置し所長となるなど，研究にも力を注いで実践と理論の統合を理想とした。

滝乃川学園

　1891（明治24）年に濃尾地震の孤児の少女たち20余名を石井亮一が自宅に引き取って孤女学院を始め，1892（明治25）年東京府下滝野川村に移転して滝乃川学園と改称，孤児の教育保護と知的障害児の教育保護を行い，その後知的障害児の教育保護施設に専門化した。1928（昭和3）年には東京府谷保村に移転した。

<糸賀の言葉>
①この子らを世の光に*。
②社会が豊かであり，富んでいさえすれば，そのなかにいる一人ひとりは貧しくても苦しんでいるものがいてもかまわないというのではない。社会福祉というのは，社会の……そのなかでの個人の福祉が保障される姿をさすのである。

5 ルソー（Rousseau, Jean-Jacques 1712～1778）

　フランスの啓蒙思想家。スイスのジュネーブ共和国に生まれた。母はルソーの誕生後死に，父親イザークの手で10歳まで育てられた。毎晩父親が読み聞かせる小説を通してルソーは早期の感情教育を受け，詩人的な面と，政治や道徳の問題にひかれるモラリストの面をあわせもつこととなった。このような生育歴の影響を受けてか，ルソーの仕事は文学的著作と政治的著作の系列に大別される。『告白録』は前者を，『社会契約論』は後者を代表する作品である。しかし『エミール』は，そのいずれの系列にも偏らない教育論といえる。ルソーは当時の古典主義的な人間観，理性尊重主義によって子どもの人格や人間性を不完全なものとして軽視した古い教育観に反対し，子どもの人格や自主性を認め，子どもを子どもとして尊重する思想を提唱した。「子どもの発見者」といわれるのは，子どもの独自的存在を認め，子どもを子どもとして扱う方法を提唱したからである。さらにルソーは子ども自身が成長し，主体的に学ぶものであるという画期的な教育論を展開した。人間の善性に全幅の信頼をおくルソーの思想はのちのエレン・ケイをして「20世紀は児童の世紀」と言わしめたほどに児童福祉や教育の思想に影響を与えた。

この子らを世の光に
　知的障害の子らを世を照らし導く光にしようということ。知的障害の人たちが大切にされなくなったら，次はまた誰かが大切にされなくなると，序列ができてくる。知的障害の人たちを大切にすることは，人間は誰でも大切にされなくてはならないという点で，世の中の進むべき方向を示す光にしようという意味である。

56　第2章　子ども家庭福祉と子ども家庭福祉の歴史

<ルソーの言葉>
人間は万物の秩序の中にその地位を占めている。子どもは人間の生涯の秩序の中にその地位を占めている。

6 オーエン（Owen, Robert 1771～1858）

　ウェールズのニュータウン生まれ。オーエンは，人間にとってよい環境・教育が与えられるためには社会が改良される必要性があると訴えた。小売商人の息子として生まれ，9歳で学校を中退したが，商売に才能を発揮し18歳でマンチェスター有数の紡績工場の経営者となる。独自の性格形成論に基づき，オーエンの経営する紡績工場で働く労働者，およびその子どものために性格形成学院を設立した。1816年にスコットランドのニューラナークに性格形成学院の低年齢児向けとして幼児学校（infant school）を設立した。この幼児学校は現在の保育所の原型といわれる。その後も1825年にオーエンは，実験のためアメリカのインディアナ州ハーモニーを買い取り，900人を集めて，彼のユートピア社会主義を実践しようと試みた。しかし彼の事業は失敗に終わり，わずか3年間で財産のあらかたを失ってしまう。1828年メキシコでも同様の実験に挑戦したが，これも失敗に終わり，帰国後は著作や講演に専念した。しかしながら，オーエンの試みは社会主義や協同組合の理論形成の基礎となった。

<オーエンの言葉>
環境が人間の性格を決定する。

7 バーナード（Barnardo, Thomas John 1845～1905）

　アイルランドのダブリン生まれ。バーナードは貧窮児童を収容する施設の創

立者として知られる。事務員として働いていたときにキリスト教に改宗する。以来，熱心なキリスト教徒であり，ダブリンのスラム街でキリスト教の布教活動を行ったのち，1866年にロンドンに渡り医学を修め，医師として布教活動を行うことを決意する。しかし，1867年には学生の身でありながら，ロンドンのステップニー地区に貧窮児童を対象としてイースト・エンド救済施設を設立した。その後，ロンドン一帯にバーナード・ホームと呼ばれる孤児院を多く設立した。バーナード・ホームは民間の組織的な里親計画であり，小舎制を採用し，年齢や能力によって小グループに分けたことを特徴とする。バーナードはまず5歳から9歳までの子どもを里子に出し，里子に出された子どもは12～13歳になった頃にホームに戻ってきて職業訓練を受けた。また，雇い主の子どもへの横暴を防止するためにホームの職員が巡回訪問を行うなど，アフターケアまで徹底して行っていた。

<バーナードの言葉>
いかなる困窮児童も入所を拒絶されることはない。

8 ペスタロッチ（Pestalozzi, Johann Heinrich 1746～1827）

スイスのチューリッヒ生まれ。生後まもなく父に死に別れ，貧困のなかで育った。この幼児期の恵まれない生活体験が同じような境遇の人々を助けたいという思いにつながった。彼は牧師になろうとしたが，チューリッヒ大学での成績が思わしくなく，結局スイスのビルに農園「ノイホフ」（新しい村）を開き，ここで貧困を克服するべく農業方法の改良に取り組んだ。しかし，この地でペスタロッチは教師としての天職を自覚するに至り，1775年農園を孤児院に変え，幼児教育に専念した。彼は孤児院を家庭的な雰囲気のなかで運営しよう

58　第2章　子ども家庭福祉と子ども家庭福祉の歴史

とした。それは家庭教育の模倣こそが人間を教育するという信念に基づいていた。ペスタロッチは独自の教育方針によって世界中の指導者たちから注目を集めた。彼は見捨てられた孤児たちの無限の可能性を信じ，教育愛を孤児院の中で開花させた。彼は子どもたちとともに学び，朝から晩まで子どもたちとともにいた。子どもが病気の時には夜通しそばで見守っていた。子どもたちが寝付くまで床の中でともに祈ったり，教えたりしていたという。「個性に応じた指導によって子どもの生得的な自然の能力を引き出す」という独自の理念をもとに，それぞれの子どもに適切な環境を整え，指導をすることを孤児院の理念として実践した。しかし，ペスタロッチの名声が高まるにつれ，彼の不快な性格の特性が現れはじめ，教師間の連帯を失い結局学校は廃校となった。彼は1827年失意のうちにブルックで死去した。しかしその理念は19世紀に公立学校制度形成において重要な基礎となり，今日でも教育に大きな影響を及ぼしている。代表的な著作として，『隠者の夕暮れ』，『ゲルトルートは如何にその子を教えるか』などがある。

> ＜ペスタロッチの言葉＞
> 私の子どもさえ私を理解してくれれば，私は全世界に目もくれなかった。

9 セガン（Seguin, Edouard 1812〜1880）

　フランス生まれ。「知的障害児教育の使徒」と呼ばれる。はじめ医学の勉強をするが，途中で方向転換をし，知的障害児の教育に専心する。知的障害児研究はイタールによる『アヴェロンの野生児*』がきっかけとなって始動したが，その感覚教育論を批判的に継承し，本格的に取り組んだのがセガンであった。その指導方法は教育をより実証的なものとするために当時注目をあびていた生理学を適用し，「生理学的教育」といわれた。その原理は人間の存在を感

アヴェロンの野生児
　1797年に南フランスで発見された少年。発見当初は人間らしさを失っており，軍医イタールによって正常な人間に戻すための教育が行われた。

第5節 子ども家庭福祉の先達者 **59**

情，精神，道徳の側面に分け，それらに対応した活動，知性，意志を包括した
教育が，この三者を順番に教育しなければならないとする。そのための教材・
教具装置も多数考案された。彼は障害者が人間として平等な存在であり，適切
な環境や教育・訓練によって成長・発達していくと確信し，身体訓練・感覚訓
練から，知的教育・道徳教育に至る生理学的教育を知的障害児に対して行い，
その教育実践を体系化した。1850年頃アメリカに移住し，彼の教育方法は欧米
に普及した。このセガンの「生理学的教育」の影響を受けた人物に石井亮一や
モンテッソーリなどがいる。

＜セガンの言葉＞
誰もが人間として発達する可能性を持っている。

---

10 コルチャック（Korczak, Janusz 1878〜1942）

　ポーランド生まれのユダヤ人。ポーランドが「子どもの権利条約」の提案国
となった背景には，一人の勇気ある心やさしき教育者コルチャックの存在が
あった。18歳で父を失ったコルチャックは妹と母を支えて医学部に進む。それ
と同時に作家としても名をなした。1911年彼は病院を辞め，「ドム・シュロッ
ト」（孤児の家）を設立した。さらに第一次世界大戦後，戦災孤児を収容する
ために，「ナシュ・ドム」（ぼくらの家）と名づけられた孤児院を設立した。そ
こでは自発性が何よりも重んじられた。コルチャックは子どもたちに自治権を
与え，お互いを評価し，援助するシステムとして，子どもの議会，子どもの法
典，子どもによる裁判を試みた。彼は子ども自身を一人の人間として尊重する
姿勢を貫いた[*]。1942年，コルチャックはナチスによるユダヤ人迫害により，
子どもたちとともに収容所に送られた。その後，ナチスも世界的な教育者コル
チャックの存在を無視することができず，ポーランド人たちの嘆願書を受け入

子どもの権利の尊重
　コルチャックによる「子どもの権利の尊重」
の考え方は次の通りである。①子どもは愛され
る権利を持っている。②子どもには秘密を持つ
権利がある。④子どもには自分の持ち物を持つ
権利がある。⑤子どもには自分の教育を選ぶ権
利がある。⑥子どもの悲しみを尊重しなさい。
⑦子どもには不正に抗議する権利がある。⑧子

どもには幸福になる権利がある。

60 第2章　子ども家庭福祉と子ども家庭福祉の歴史

れ，特赦の命令を下した。しかしコルチャックは断固として解放を拒み，子ど
もたちと一緒に死ぬことを選んだ。彼は子どもを抱き，手を引き，声をかけな
がら整然とガス室に消えていったという。ユネスコは彼の生誕100年を記念し
て，1978〜79年までの1年を「コルチャックの年」とした。

＜コルチャックの言葉＞
①子どもは自分がなるべきものになるための誰も奪うことのできない権利を持っ
ている。
②子どもは明日のために生きているのではなく今を人として生きている。

■引用・参考文献

1）八重樫牧子：「子どもの視点にたった児童家庭福祉—ウィルフェアからウェル
　ビーイングへ」，ノートルダム清心女子大学人間生活学科編：ケアを生きる私た
　ち，大学教育出版，pp.108-13，2016

2）高橋重宏：「子ども家庭福祉の理念」，高橋重宏・山縣文治・才村純：子ども家
　庭福祉とソーシャルワーク，有斐閣，pp.8-9，2002

3）秋元美世・大島巌・芝野松次郎・藤村正之・森本佳樹・山縣文治：現代社会福
　祉辞典，有斐閣，p.249，2003

4）ジョージ・バターワース／マーガッレト・ハリス著，村井潤一監訳：発達心理
　学の基本を学ぶ，ミネルヴァ書房，p.36，1997

5）網野武博：「児童福祉の意義」，保育士養成講座編纂委員会編：保育士養成講座
　第2巻児童福祉，全国社福祉協議会，pp.4-7，2000

6）安梅勅江：「子どもの発達」，高橋重宏・才村純編著：社会福祉選書4　子ども家
　庭福祉論，建帛社，p.23，1999

7）ジャン・シャザル著／清水慶子・霧生和子訳：子供の権利，白水社，p.16，1960

8）網野武博：「子どもと家庭の権利保障」，社会福祉士養成講座編集委員会編：
　新・社会福祉士養成講座15　児童や家庭に対する支援と児童・家庭福祉制度—
　児童福祉論　第2版，中央法規出版，pp.39-45，2010

9）柏女霊峰：現代児童福祉論　第5版，誠信書房，p.47，pp.64-77，2002

10）網野武博：児童福祉学，中央法規出版，pp.178-187，2002

11）八重樫牧子：「児童福祉の原理」，菅俊夫編：児童福祉，学術図書，pp.20-
　21，1989

12）森田ゆり：エンパワメントと人権　こころの力のみなもとへ，解放出版社，

pp.26-27，1998

13）森田ゆり：新・子ども虐待　生きる力が侵されるとき（岩波ブックレット），岩波書店，p.23，2004

14）遠藤久江監修・編著：子どもの生活と福祉／児童福祉入門，中央法規出版，pp.26-29，1999

15）永井憲一・寺脇隆夫：解説・子どもの権利条約，日本評論社，p.72，1990

16）古川孝順編：子どもの権利と情報公開，ミネルヴァ書房，2000，pp.33-39

17）山縣文治・柏女霊峰：社会福祉用語辞典　第9版，ミネルヴァ書房，2013

18）野口勝己：「第2章児童福祉の歴史」，野口勝己・赤木正典編著：児童福祉論，建帛社，pp.24-35，2007

第3章 子ども家庭福祉の法律と実施体制

第1節　子ども家庭福祉に関する法律

1 児童福祉法

（1）わが国の法体系と児童福祉法

　わが国の法体系は，日本国憲法を頂点として，法律，政令・省令というピラミッド構造になっている（図3－1）。福祉サービスは法律による行政の原理*のもとで，行政機関を中心に実施する体制となっている。子ども家庭福祉分野の法律としては，児童福祉法を中心に児童扶養手当法，特別児童扶養手当法，母子及び父子並びに寡婦福

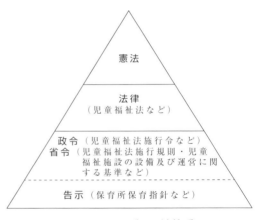

図3－1　わが国の法体系

法律による行政の原理
　行政活動は，法律に基づき，法律に従って行わなければならないとする原則。この原則により，子ども家庭福祉の行政が実施されている（第2節）。

児童・乳児・幼児・少年
　児童福祉法では，児童とは，満18歳に満たな者をいい，乳児・幼児・少年に分けている。
・乳児：満1歳に満たない者
・幼児：満1歳から小学校就学の始期に達するまでの者
・少年：小学校就学の始期から，満18歳に達するまでの者

祉法，母子保健法，児童手当法の児童福祉6法がある。

また，関係諸法には，児童虐待の防止等に関する法律，障害者総合支援法（正式名：障害者の日常生活及び社会生活を総合的に支援するための法律），少子化社会対策基本法などがある。

（2）児童福祉法に規定されている内容

児童福祉法は，「全て児童は，児童の権利に関する条約の精神にのっとり，適切に養育されること，その生活を保障されること，愛され，保護されること，その心身の健やかな成長及び発達並びにその自立が図られることその他の福祉を等しく保障される権利を有する」（法第1条）という理念，「全て国民は，児童が良好な環境において生まれ，かつ，社会のあらゆる分野において，児童の年齢及び発達の程度に応じて，その意見が尊重され，その最善の利益が優先して考慮され，心身ともに健やかに育成されるよう努めなければならない」（法第2条第1項）という児童育成の責任から始まり，次の内容が規定されている。

児童福祉の対象者は，児童*・乳児*・幼児*・少年*・妊産婦・保護者*とし，児童福祉法に基づく事業（児童自立生活援助事業など14種類），児童福祉施設（保育所など12種類），里親，障害児*施設での支援内容（障害児施設支援）などを規定している。

児童福祉に関する審議機関としては，都道府県の児童福祉審議会，実施機関は都道府県・市町村・児童相談所・保健所などがある。さらに児童福祉に関係する専門職として，児童福祉司・児童委員・保育士などについて定めている。また，福祉の保障として，療育の指導，障害福祉サービスや子育て支援などの居宅生活の支援，助産施設・母子生活支援施設・保育所への入所，障害児施設などについて規定している。その他，保護の必要な子ども（虐待を含む）に対

保護者

保護者とは，親権を行う者，未成年後見人その他の者で，児童を現に監護する者をいう（児童福祉法第6条）。

障害児

児童福祉法で障害児とは，身体に障害のある児童，知的障害のある児童，精神に障害のある児童（発達障害児を含む）またはいわゆる難病であって，障害の程度が厚生労働大臣が定める程度である児童をいう。

64　第3章　子ども家庭福祉の法律と実施体制

して各機関のとるべき保護の内容（要保護児童の保護措置*等）や，保護された子どもの施設内での虐待防止に関すること，施設利用者の費用負担などが定められている。

（3）児童福祉法の制定と改正の流れ

1）児童福祉法の制定

1945（昭和20）年に日本は敗戦で第二次世界大戦が終了したが，戦争によって多くの両親を失い，孤児対策が緊急課題となった。この戦災孤児対策として，1947（昭和22）年に児童福祉法が制定された（翌年1月施行）。

2）法改正の経緯

児童福祉法が制定されて以来，社会情勢の変化や国民のニーズ等で，法改正がたびたび行われ今日に至っている。法改正の主な内容は以下のとおりである。

① 1997（平成9）年改正

保育制度は，措置により入所する仕組みから，保護者が保育所を選択する仕組みに変わった。また，放課後児童クラブを「放課後児童健全育成事業」とし，その普及を図った。さらに，教護院・養護施設・母子寮などの施設の名称を，児童自立支援施設・児童養護施設・母子生活支援施設に改め，支援の内容や方法も保護から自立支援へと変更した。

② 2001（平成13）年改正

保育士の国家資格は，名称独占であることを明確にした。さらに児童委員の活動の活性化を図るとともに，主任児童委員の法律上の位置を明確にした。

③ 2004（平成16）年改正

子ども虐待防止対策を強化するため，児童相談所や市町村の相談体制を整備し，地方公共団体が要保護児童対策地域協議会を設置することとし，要保護児童に対する司法（家庭裁判所など）の関与を強化した。

措置

　行政機関が行う行政上の処分のこと。具体的には，施設入所や在宅サービスの利用，金品の給付・貸与等は，行政機関が決定する。これを行政処分または措置という。

第1節　子ども家庭福祉に関する法律　　*65*

④　2008（平成20）年改正

　乳児家庭全戸訪問事業や地域子育て支援拠点事業などを子育て支援事業に追加するとともに，養子を前提としない養育里親制度の見直しが行われた。また，保育に欠ける乳幼児を家庭で保育する事業（小規模住居型児童養育事業）や家庭的保育事業（保育ママ）を創設した。

⑤　2010（平成22）年から2012（平成24）年までの改正

　障害児の定義は身体障害児，知的障害児であったが，新たに精神障害児（発達障害児を含む）や難病の一部が加えられた。また各種別の障害児施設は，障害児入所施設と児童発達支援センターに統合された。

⑥　2015（平成27）年改正

　この年の4月に「子ども・子育て関連3法」が施行された。これに伴い保育所の利用用件が「保育に欠ける」から「保育を必要とする」に変更された。また，幼保連携型認定こども園が児童福祉施設に加わった。なお，放課後児童健全育成事業の対象者が，小学校就学児童全学年に広げられた（従前は3学年まで）。

（4）児童福祉法に基づく政令・省令

1）児童福祉法施行令

　上記の内容をもつ児童福祉法に基づき，政令としては，児童福祉施行令があり，福祉の保障の一部について実施基準を定めている。

2）児童福祉法施行規則など

　児童福祉法や政令の下位法（省令：厚生労働省令）として，児童福祉法施行規則や，児童福祉施設の設備及び運営に関する基準などがある。

66 第3章 子ども家庭福祉の法律と実施体制

2 児童福祉関係諸法

（1）児童福祉6法

児童福祉6法には，児童福祉法のほかに次の5法がある。

1）児童扶養手当法（1961（昭和36）年制定）

児童扶養手当法は，「父又は母と生計を同じくしていない児童が育成される家庭の生活の安定と自立の促進に寄与するため，当該児童について児童扶養手当を支給し，もつて児童の福祉の増進を図ることを目的とする」法律である（第1条）。支給対象は，原則として，18歳に達する日以後の最初の3月31日までの児童である。2010（平成22）年の法改正では，父子家庭に対しても支給されることになった（所得制限あり）。

2）特別児童扶養手当等の支給に関する法律（1964（昭和39）年制定）

特別児童扶養手当法は，「精神又は身体に障害を有する児童について特別児童扶養手当を支給し，精神又は身体に重度の障害を有する児童について障害児福祉手当を支給するとともに，精神又は身体に障害を有する者に特別障害者手当を支給することにより，これらの者の福祉の増進を図ることを目的とする」法律である（第1条）。この法律の対象には，①在宅で20歳未満の障害児を養育している父・母・養育者に対して支給される手当（特別児童扶養手当），②在宅の20歳未満の重度障害児に支給される手当（障害児福祉手当），③在宅の特別障害者に支給される手当（特別障害者手当）などがある。

3）母子及び父子並びに寡婦福祉法（1964（昭和39）年制定）

母子及び父子並びに寡婦福祉法は，「母子家庭等＊及び寡婦＊の福祉に関する原理を明らかにするとともに，母子家庭等及び寡婦に対し，その生活の安定と向上のために必要な措置を講じ，もつて母子家庭等及び寡婦の福祉を図ること

母子家庭等
　母子及び父子並びに寡婦福祉法で，「母子家庭等」とは，母子家庭及び父子家庭をいう（母子及び父子並びに寡婦福祉法第6条第5項）。

寡婦
　母子及び父子並びに寡婦福祉法では，「寡婦」とは，「配偶者のない女子であつて，かつて配偶者のない女子として民法第877条の規定により児童を扶養していたことのあるもの」と規定している（法第6条第4項）。具体的には，母子家庭で，子どもが独立した後の母親ということになる。

を目的とする」法律である（第1条）。この法律で児童とは，満20歳に満たない者をいう。母子福祉関係では，1953（昭和28）年に戦争犠牲者の家族保護の必要性から，「母子福祉資金の貸付に関する法律」が制定された。その後1959（昭和34）年に国民年金法，1961（昭和36）年に児童扶養手当法等関係する法律が制定され，1964（昭和39）年には，関係施策を統合する形で，「母子福祉法」が制定された。また，1981（昭和56）年の改正で，寡婦も対象としたため「母子及び寡婦福祉法」に法律名が変更された。その後，条文の中で「母子家庭」を「母子家庭等」という文言に改正し，父子家庭も対象にした法律となり，2014（平成26）年には，標題の現在の法律名に改められた。

4）母子保健法（1965（昭和40）年制定）

母子保健法は，「母性並びに乳児及び幼児の健康の保持及び増進を図るため，母子保健に関する原理を明らかにするとともに，母性並びに乳児及び幼児に対する保健指導，健康診査，医療その他の措置を講じ，もつて国民保健の向上に寄与することを目的とする」法律である（第1条）。

この法律では，妊産婦などへの保健指導，母子健康手帳交付，1歳6か月児・3歳児健康診査，妊娠や低体重児の届出，養育手帳の給付等母子保健の向上の措置に関することや，母子健康包括支援センター，新生児・未熟児の訪問指導，栄養指導などについて規定している。

5）児童手当法（1971（昭和46）年制定）

児童手当法は，「児童を養育している者に児童手当を支給することにより，家庭等における生活の安定に寄与するとともに，次代の社会を担う児童の健やかな成長に資することを目的」とした法律である（第1条）。

支給対象者は，日本国内に住所を有する中学校修了前の児童を監護する父母等である。児童手当の財源は，国・都道府県・市町村・事業主等が負担してい

68 　第 3 章　子ども家庭福祉の法律と実施体制

る。

（2）その他の関連する法律

1）児童虐待の防止等に関する法律（略称：児童虐待防止法）（2000（平成12）年制定）

　この法律は，子ども虐待が子どもの人権を侵害し，心身の発達や人格形成に悪影響を及ぼすため，虐待予防と早期発見，防止に関する国・地方公共団体の責務や，関係者の通告義務を規定している。また，2007（平成19）年には，子どもの安全確認のための立ち入り調査権の強化などの改正を行っている。

2）障害に関係する法律

①　発達障害者支援法（2003（平成15）年制定）

　この法律は，発達障害者の適正な発達と円滑な社会生活を促進するため，発達障害を早期に発見し，教育支援や就労支援を行い，発達障害者の自立支援を図るため，国・地方公共団体等に一定の責務を課している。

②　障害者の日常生活及び社会生活を総合的に支援するための法律（略称：障害者総合支援法）（2005（平成17）年制定）

　この法律は，障害者の尊厳にふさわしい日常生活や社会生活を営むことができるよう，必要な障害者福祉サービスの給付，地域生活支援事業を通して，障害者の福祉の増進を図るものである。同法は，児童福祉法に規定する障害児や，18歳未満の精神障害者も対象としており，一部児童福祉法の特別法*としての性格をもつことになる。なお，2012（平成24）年に「障害者自立支援法」から現法名に名称変更された。

3）少子化に関係する法律

①　少子化社会対策基本法（2003（平成15）年制定）

　少子化社会対策基本法は，2003（平成15）年 7 月に議員立法として制定され

特別法
　特定の場所・人・事柄に限って適用される法律。これに対するのが一般法で，「特別法は一般法に優先する」という原則がある。障害児に関しては，児童福祉法が一般法であり，障害者総合支援法が特別法になる。したがって，両方の規定が衝突している場面では，障害者総合支援法が優先適用される。

た。この法律に基づき，少子化社会対策大綱が閣議決定され，子ども・子育て応援プランや子ども子育てビジョン，現在の子ども・子育て支援新制度につながる子ども・子育て新システム，ニッポン一億総活躍プランなどが策定されている。

② 次世代育成支援対策推進法（2003（平成15）年制定）

　次世代育成支援対策推進法は，少子化社会対策基本法と同じ時期に成立した。少子化の進行を踏まえ，次代を担う子どもが健やかに生まれ，育成される環境の整備を図るため，次世代育成支援対策の基本理念を定めるとともに，国による行動計画策定指針や都道府県・市町村や事業主による行動計画の策定などが定められている。なお，この法律は2015（平成27）年までの時限立法であったが，2025年3月まで10年間延長されている。

4）女性福祉に関係する法律

① 売春防止法（1956（昭和31）年制定）

　売春防止法は，「性行又は環境に照らして売春を行うおそれのある女子」（第1条）の転落防止や更生保護，婦人相談所・婦人相談員・婦人保護施設などの婦人保護施策について規定している。

② 配偶者からの暴力の防止及び被害者の保護等に関する法律（2001（平成13）年制定）

　同法の制定により，婦人相談所・婦人相談員・婦人保護施設が配偶者からの暴力の被害者女性の保護等の役割も担うようになった。婦人相談所は，配偶者暴力支援センターとしての機能も果たす。現在，保護命令として，接近禁止命令，退去命令，電話等禁止命令がある。

70 第3章　子ども家庭福祉の法律と実施体制

5）その他の法律

① 民法（1896（明治29）年制定）

　民法の中では，未成年に関する規定（第4条・5条）と親子（第772条以下）に関係する規定が，子ども家庭福祉に関係する法律を考えていくうえで基本となっている。

② 少年法（1948（昭和23）年制定）

　少年法は，「少年の健全な育成を期し，非行のある少年に対して性格の矯正及び環境の調整に関する保護処分を行うとともに，少年の刑事事件について特別の措置を講ずることを目的とする」法律である（第1条）。

③ 子どもの貧困対策の推進に関する法律（2013（平成25）年制定）

　「子どもの貧困対策を総合的に推進することを目的とする」法律である（第1条）。

第2節　子ども家庭福祉の実施体制

1 子ども家庭福祉の行政機関

　わが国における子ども家庭福祉の行政機関は厚生労働省である。省の内部には雇用均等・児童家庭局があり，その中に総務課，職業家庭両立課，家庭福祉課，保育課，母子保健課などの課・室が置かれている。主な業務は，子ども家庭福祉政策の企画立案，予算配分，地方行政機関や児童福祉施設の指導監督を行っている。

　都道府県においても，国の組織に準じて各課が置かれている。たとえば，保健福祉部局，福祉保健部局という名称の部局があり，部局内に子ども未来課，

第2節　子ども家庭福祉の実施体制

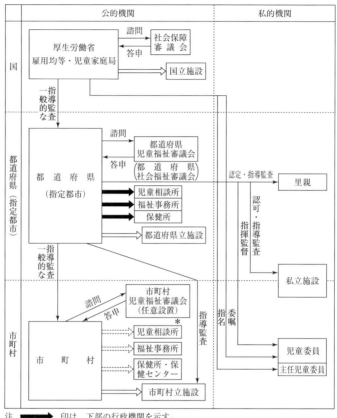

図3－2　子ども家庭福祉機関系統図

72 第3章 子ども家庭福祉の法律と実施体制

障害福祉課等がある。これらの部局課の名称は各自治体の条例で定められている（図3-2）。

業務内容は，子ども家庭福祉事業の計画策定や企画実施，予算配分，市町村の指導助言，児童福祉施設の指導監督などがある。また，直接利用者にサービスを提供する行政機関として，児童相談所や福祉事務所，保健所の設置が義務づけられている。

また，政令指定都市*・中核市*の場合は，県と同様に健康福祉部局，保健福祉部局の名称が使われ，その中に保育幼稚園課，子ども相談センター課，子育て支援課などがある。指定都市は，基本的には都道府県と同等の権限をもって子ども家庭福祉行政を行っており，中核市も一部の業務を除き指定都市に準じた権限となっている。

　○児童福祉審議会の設置
　○児童委員に対する指揮監督
　○療育の給付
　○母子生活支援施設，保育所，助産施設の設置認可
　○母子保健法に定める事務
　○児童相談所の設置・運営（任意）

市町村は，子ども家庭福祉では保育所など児童福祉施設の設置および保育所の入所手続きと1歳6か月健康診査，3歳児健康診査，それと子ども家庭福祉についての実情の把握・情報の提供，児童相談などを行っている。

2 児童福祉審議会

児童福祉審議会は，児童，妊産婦，知的障害者などの福祉と保健に関する事項を調査・審議する機関である。都道府県・指定都市には，児童福祉法により

政令指定都市
　政令で指定されている人口70万以上の市。2017（平成29）年現在で，大阪，名古屋，京都，横浜，神戸，北九州，札幌，川崎，福岡，広島，仙台，千葉，さいたま，静岡，堺，新潟，浜松，岡山，相模原，熊本の20市である。都道府県に準じた事務が移譲されている。

中核市
　人口30万人以上，面積100km²以上の都市で政令により指定されたもの。保健衛生や都市計画などが政令指定都市に準じた事務が都道府県から移譲されている。

児童福祉審議会の設置が義務づけられている。また，児童および知的障害者の福祉向上に関する意見，玩具や各種出版物などの推せん，勧告を行うことができる。審議会で協議された専門的意見は，行政施策に反映されることになっている。

主な職務は次のとおりである。

① 都道府県知事（指定都市長）の諮問に答え，または関係行政機関に職員の説明や資料の提出を求め，意見を述べる。

② 児童福祉施設の入所措置について，意見を述べる。

③ 児童福祉施設の運営および里親の認定についても協議し，意見を述べる。

児童福祉審議会の委員は，児童および知的障害者福祉に関する事業に従事する者および学識経験者からなる20人以内の委員で構成され，より高い公平性を求め，委員は都道府県知事（指定都市長）から任命される。

3 子ども家庭福祉の実施機関

（1）児童相談所

児童相談所は，児童福祉法に基づく，中核的な行政機関である。都道府県および指定都市には設置が義務づけられており，2019（平成31）年4月現在で全国に215か所の児童相談所がある。

児童相談所は，児童についての各種の問題について，家庭，学校，その他からの相談に応じ，児童の問題に応じた援助活動を実施して，子どもの福祉と権利擁護を図ることを目的にしている。

児童相談所の主な業務は次のとおりである（図3－3）。

① 市町村に対する情報の提供と必要な援助を行う。

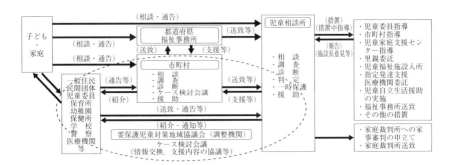

図3─3　市町村・児童相談所における相談援助活動の体系・展開

② 児童に関する家庭その他からの相談のうち，専門的な知識・技術を必要とするものに応じる。
③ 児童およびその家庭につき，必要な調査並びに医学的，心理学的，教育学的，社会学的および精神保健上の判定を行う。
④ 児童およびその家庭につき，上記の調査または判定に基づいて必要な指導を行う。
⑤ 児童の一時保護*を行う。保護の目的は次の3つである。
　　a．緊急保護　　b．行動観察　　c．短期入所指導
⑥ 要保護児童の指導，児童福祉施設入所等の措置，里親委託等を行う。

1）職員構成

児童相談所には，調査や指導などを行う児童福祉司，面接や心理検査，心理療法などを行う児童心理司や医師などが配置されている。また一時保護所には，児童指導員や保育士が配置されている。

2）相談内容

全国の児童相談所が受ける相談件数はここ数年，年間40数万件に及ぶ（表3

一時保護
　児童相談所において，要保護児童（養護に欠ける児童や非行児童など）を，これからの方針が決まるまでの間，一時的に預かることをいう。期間は原則として2か月以内とされている。

－1）。2017（平成29）年度の相談内容は，養護相談（41.9％），障害相談（36.9％），育成相談（9.3％），非行相談（3.0％），その他の相談（5.7％）となっている。

表3－1　相談内容別受付件数の年度別推移

	総数	養護相談	非行関係相談	障害相談	育成相談	その他の相談
2006（平成18）年度	381,757	78,863	17,166	194,871	61,061	29,796
2008（平成20）年度	363,051	84,691	17,593	184,067	55,109	21,591
2010（平成22）年度	373,528	101,323	17,345	181,108	50,993	22,759
2012（平成24）年度	384,261	116,725	16,640	175,285	52,182	23,429
2017（平成29）年度	466,800	195,786	14,110	185,032	43,446	26,664

（資料）厚生労働省福祉行政報告例

3）児童相談所の体制強化

① 相談件数の増加や子ども虐待など援助困難ケースの増加により，児童福祉司の配置基準が，2005（平成17）年度から「人口おおむね10万人～13万人に1人」が「人口5万人から8万人に1人」に改正された。

② 市町村との役割分担で，市町村に子ども虐待の未然防止・早期発見の役割が求められる一方，市町村に対して児童相談所の役割は専門的な知識・技術の支援が求められた。

③ 多発する子ども虐待に対して関係諸機関の連携を強化し，迅速で適切な対応ができるよう，2009（平成21）年に児童相談所運営指針が改定された。

④ 2017（平成29）年度から，国は里親の新規開拓から委託児童の自立支援までの一貫した里親支援を都道府県（児童相談所）の業務として位置づけた。また養子縁組里親を法定化して，研修を義務化した。

（2） 児童家庭支援センター

　児童家庭支援センターは各都道府県下に数か所の児童相談所だけでは，地域の児童および家庭福祉の向上を図ることが困難なため，1997（平成9）年の児童福祉法の改正時に設置された。その業務内容は次のとおりである。

① 　一般家庭からの相談に応じ，専門的知識や技術に基づいて必要な助言を行う。

② 　児童相談所からの委託に基づいて指導をする。

③ 　里親等への必要な支援を行う。

④ 　市町村の求めに応じ，技術的助言や必要な援助を行う。

⑤ 　関係機関等の連携や連絡調整を行う。

　児童家庭支援センターは，児童養護施設が相談指導機能や一時保護機能を備えているため，児童養護施設に付設されていた。2008（平成20）年の法改正で，一定の要件を満たしている医療機関やNPO法人なども児童家庭支援センターを設置できるようになっている。

（3） 福祉事務所

　福祉事務所は，福祉6法に関する事務を行う社会福祉行政の第一線の機関であり，都道府県，指定都市および市に設置が義務づけられている。また，大部分の福祉事務所に家庭児童相談室が設置されている。2017（平成29）年4月現在で，全国に福祉事務所は1,247か所ある。

　現在は，福祉サービスに関する権限が町村に委譲され，都道府県の福祉事務所が行う業務は，生活保護法，児童福祉法，母子及び父子並びに寡婦福祉法などである。指定都市や市の福祉事務所は福祉6法全般の業務を行っているが，子ども家庭福祉に関する業務は次のとおりである。

① 　児童および妊産婦の福祉について，必要な実情の把握に努める。

② 助産施設，母子生活支援施設への入所のための契約事務を行う。

③ 市福祉事務所は，保育所への入所のための契約事務を行う。

④ 母子家庭等の実情把握に努め，必要な相談・調査および指導を行う。

（4）家庭児童相談室

　福祉事務所に設置されている家庭児童相談室には，家庭相談員（嘱託職員）が配置されている。児童相談所と密接な連携をとりながら，地域住民に身近な機関として子どもや家庭に関する相談援助活動を行っている。家庭児童相談室では，比較的軽易な相談を扱い，より高度で専門性を必要とするものについては児童相談所を紹介している。

（5）保　健　所

　保健所は，住民の健康や衛生を支える公的機関で，災害医療，感染症，対物保健，精神衛生など，専門的・広域的な業務を行っている。保健所が行っている子ども家庭福祉についての業務は次のとおりである。

① 児童，妊産婦の保健について，正しい衛生知識の普及・指導を行う。

② 児童，妊産婦の健康相談，健康診査，保健指導を行う。

③ 児童福祉施設について，栄養の改善その他衛生知識の普及・指導を行う。

④ 身体に障害のある児童および難病などで長期療養を必要とする児童に対して療育の指導を行う。

（6）児　童　委　員

　児童委員（厚生労働大臣の委嘱）は市町村の区域に配置され，子ども家庭福祉に関する民間の奉仕者である。福祉事務所，児童相談所の業務に協力することから公的ボランティアともいわれている。任期は3年である。

　1994（平成6）年からは，主任児童委員制度が創設された。地区の担当はな

78　第3章　子ども家庭福祉の法律と実施体制

く，児童相談所や子ども家庭福祉関係機関と地域を担当する児童委員との連携・協働による相談・支援活動が主な仕事である。

　児童委員の主な業務は次のとおりである。

①　担当地区内の児童，妊産婦について，その生活・環境の状況を把握しておくこと。

②　児童，妊産婦について，その保護・保健などに関し，サービスに必要な情報の提供，その他の援助・指導を行うこと。

③　児童福祉司・福祉事務所の社会福祉主事の行う職務に協力すること。

第3節　児童福祉施設

　児童福祉施設は，児童等に適切な環境を提供し，養育・保護・訓練および育成等，児童の福祉を図る施設であり，児童福祉法（以下，「法」と略す）に基づいて事業を行っている。児童福祉施設は，国，都道府県，市町村，社会福祉法人*等で設置することができる。

1　類型別児童福祉施設

　山縣は表3－2のように，児童福祉施設をその設置目的から，①養護系施設（保護，養護，自立支援などを行うことを目的とする施設），②障害児系施設（障害児に対して保護，療育，訓練，自立訓練などを行うことを目的とする施設），③育成系施設（子どもの健全な育成を図ることを目的とする施設），④保健系施設の4つに分類している。また，生活形態から，①入所施設（利用者が24時間生活する施設），②通所施設（1日のうち主に昼間利用する施設），③利用施設（1日のうち一定時間自由に利用する施設）の3つに分類している。

社会福祉法人
　社会福祉事業を行うことを目的として社会福祉法の定めるところにより設立された法人で，公共性が極めて高く，営利を目的としない民間の法人。

第3節 児童福祉施設 79

表3-2 児童福祉施設の類型（設置目的と生活形態の関係）

	入所施設	通所施設・通所機能	利用施設
養護系施設	乳児院 母子生活支援施設 児童養護施設 児童心理治療施設 児童自立支援施設	児童心理治療施設* 児童自立支援施設*	
障害児系施設	福祉型障害児入所施設 医療型障害児入所施設	福祉型児童発達支援センター 医療型児童発達支援センター	
育成系施設		保育所 幼保連携型認定こども園	児童館 児童遊園 児童家庭支援センター
保健系施設	助産施設		

(注) ＊は通所機能を有するもの。
(出典) 山縣文治「第4章児童福祉の実施体制」，松原康雄・山縣文治編：社会福祉士養成テキストブック⑧児童福祉論，ミネルヴァ書房，2001，p.79改変

表3-3 児童福祉施設の分類

1 措置型施設	
入所型	乳児院，児童養護施設，児童心理治療施設（入所部門）， 児童自立支援施設（入所部門）
通所型	児童心理治療施設（通所部門），児童自立支援施設（通所部門）

2 利用型施設，施設給付型施設
　保育所，幼保連携型認定こども園，児童館，児童遊園，児童家庭支援センター，福祉型障害児入所施設，医療型障害児入所施設，福祉型児童発達支援センター，医療型児童発達支援センター

3 行政との契約型施設
　母子生活支援施設，助産施設（第1種，第2種）

(出典) 柏女霊峰：現代児童福祉論，誠信書房，2008，p.97改変

80　第 3 章　子ども家庭福祉の法律と実施体制

　また，柏女は表 3 — 3 のように，①行政機関による措置型施設，②利用型施設，施設給付型施設，③行政との契約型施設に分類している。

　なお，障害児入所施設は施設給付型施設であるが，施設入所が必要であるにもかかわらず，保護者の反対で施設利用が困難な場合，児童相談所（行政機関）の判断で施設に入所させると措置型施設となる。

2 児童福祉施設の種類

　障害児を対象とした施設・事業は，2012（平成24）年 3 月末まで施設入所等は児童福祉法，児童デイサービス等の事業関係は障害者自立支援法（現・障害者の日常生活及び社会生活を総合的に支援するための法律（「障害者総合支援法」と略す）），重症心身障害児（者）通園事業は予算事業として実施されてきたが，児童福祉法等の改正により，2012（平成24）年 4 月より根拠規定が一本化され，図 3 — 4 のように再編された。

　児童福祉施設（児童福祉法第 7 条）は，助産施設，乳児院，母子生活支援施設，保育所，幼保連携型認定こども園，児童厚生施設，児童養護施設，障害児入所施設，児童発達支援センター，児童心理治療施設，児童自立支援施設および児童家庭支援センターの12種類である。各施設の概要等は表 3 — 4 に示すとおりである。

（1）助 産 施 設

　助産施設には，第 1 種助産施設と第 2 種助産施設がある。第 1 種は医療法の病院であり，第 2 種は医療法の助産所である。助産施設は児童福祉法や医療法などの関係法令の適用を受ける。妊産婦の保護と子どもの健全な出生を図り，出産時の不安の除去，育児相談，健康管理などの指導も行われている。

第3節 児童福祉施設 *81*

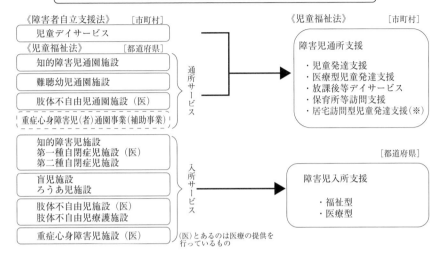

図3-4 障害児施設・事業の一元化

表3-4 児童福祉施設の概要

	施設の種類 （児童福祉法） （設備及び運営 に関する基準）	入・通所 ・利用別	施設の目的および対象者	①施設数 ②定員（在所者数） ③従事者数 ④入所事務
1	助産施設 法第36条 基準15～18条	入所	保健上必要があるにもかかわらず、経済的理由により、入院助産を受けることができない妊産婦を入所させて、助産を受けさせる。	①388 ②3,369 ③… ④福祉事務所
2	乳児院 法第37条 基準19～25条	入所	乳児（保健上、安定した生活環境の確保その他の理由により特に必要のある場合には、幼児を含む。）を入院させて、これを養育し、あわせて退院した者について相談その他の援助を行う。	①134 ②3,852（3,089） ③4,793 ④児童相談所
3	母子生活支援施設 法第38条	入所	配偶者のない女子又はこれに準ずる事情にある女子及びその者の監護すべき児童を入所させて、これらの者	①221 ②4,635（8,625）* ③2,080

82　第3章　子ども家庭福祉の法律と実施体制

	基準26〜31条		を保護するとともに，これらの者の自立の促進のためにその生活を支援し，あわせて退所した者について相談その他の援助を行う。	④福祉事務所
4	保育所 法第39条 基準32〜36条の3	通所	保育を必要とする乳児・幼児を日々保護者の下から通わせて保育を行う。特に必要があるときは，保育を必要とするその他の児童を日々保護者の下から通わせて保育する。	①21,730 ②2,110,634 　(2,041,764) ③467,398 ④市町村
5	幼保連携型認定こども園 法第39条の2	通所	義務教育及びその後の教育の基礎を培うものとしての満3歳以上の幼児に対する教育及び保育を必要とする乳児・幼児に対する保育を一体的に行い，これらの乳児又は幼児の健やかな成長が図られるよう適当な環境を与えて，その心身の発達を助長する。	①2,597 ②251,564 　(251,431) ③69,578 ④市町村
6 ①	児童厚生施設 児童館 法第40条 基準37〜40条	利用	児童に健全な遊びを与えて，その健康を増進し，又は情操を豊かにする。	①児童館4,387 小型2,565 児童センター1,693 大型児童館21 その他108 ③17,937
6 ②	児童厚生施設 児童遊園 法第40条 基準37〜40条	利用	児童に健全な遊びを与え，その健康を増進し情操を豊かにすることを目的とする屋外型（遊具・広場・便所等設置）の児童厚生施設。	①2,725
7	児童養護施設 法第41条 基準41〜47条	入所	保護者のない児童（乳児を除く。ただし，安定した生活環境の確保その他の理由により特に必要のある場合には，乳児を含む。），虐待されている児童その他環境上養護を要する児童を入所させて，これを養護し，あわせて退所した者に対する相談その他の自立のための援助を行う。	①579 ②31,174 　(25,722) ③17,137 ④児童相談所
8 ①	障害児入所施設 福祉型障害児入所施設 法第42条第1項 基準48〜56条	入所	障害児を入所させて，保護，日常生活の指導及び独立自活に必要な知識技能の付与を行う。	①244 ②9,026 　(6,865) ③5,960 ④児童相談所
8 ②	障害児入所施設 医療型障害児入所施設 法第42条第2項 基準57〜61条	入所	障害児を入所させて，保護，日常生活の指導，独立自活に必要な知識技能の付与及び治療を行う。	①180 ②18,150 　(8,156) ③20,497 ④児童相談所

第3節　児童福祉施設　*83*

9 ①	児童発達支援センター 福祉型児童発達支援センター 法第43条第1項 基準62～67条	通所	障害児を日日保護者の下から通わせて，日常生活における基本的動作の指導，独立自活に必要な知識技能の付与又は集団生活への適応のための訓練を行う。	①461 ②14,703 （26,104） ③7,934 ④市町村
9 ②	児童発達支援センター 医療型児童発達支援センター 法第43条第2項 基準68～71条	通所	障害児を日日保護者の下から通わせて，日常生活における基本的動作の指導，独立自活に必要な知識技能の付与又は集団生活への適応のための訓練及び治療を行う。	①87 ②2,878 （2,315） ③1,293 ④市町村
10	児童心理治療施設 法第43条の2 基準72～78条	入所 通所	家庭環境，学校における交友関係その他の環境上の理由により社会生活への不適応が困難となった児童を，短期間，入所させ，又は保護者の下から通わせ，社会生活に適応するために必要な心理に関する治療及び指導を主として行い，あわせて退所した者について相談その他の援助を行う。	①41 ②1,842（1,339） ③1,165 ④児童相談所
11	児童自立支援施設 法第44条 基準79～88条	入所 通所	不良行為をなし，又はなすおそれのある児童及び家庭環境その他の環境上の理由により生活指導等を要する児童を入所させ，又は保護者の下から通わせて，個々の児童の状況に応じて必要な指導を行い，その自立を支援し，あわせて退所した者について相談その他の援助を行う。	①55 ②3,597（1,329） ③1,743 ④児童相談所
12	児童家庭支援センター 法第44条の2 基準88条の2～88条の4	利用	地域の児童の福祉に関する各般の問題につき，児童に関する家庭その他からの相談のうち，専門的な知識及び技術を必要とするものに応じ，必要な助言を行うとともに，市町村の求めに応じ，技術的助言その他の必要な援助を行うほか，第26条第1項第2号及び第27条第1項第2号の規定による指導を行い，あわせて児童相談所，児童福祉施設等との連絡調整その他厚生労働省令の定める援助を総合的に行う。	①104 ③342

*母子生活支援施設の在所者数は世帯人員数。
　（注）表中の「法」は「児童福祉法」の略。「基準」は「児童福祉施設の設備及び運営に関する基準」の略。
　（資料）厚生労働省：社会福祉施設等調査報告，2016，2016年10月1日現在を参考に作成。
＊詳細票が回収できた施設のうち，活動中の施設について集計。

（2）乳　児　院

　乳児院は，両親の未婚・離婚・別居・死亡・疾病・虐待，または棄児など，何らかの理由で家庭での療育が困難な乳児（必要があれば，幼児を含む）の健全な育成を促進し，その人格の形成を図る施設である。乳児院は，主に2歳までの乳幼児の生活の場であるが，きめ細かい保育環境や継続的なケアが必要な場合は，2歳以上の幼児も利用可能である。

（3）母子生活支援施設

　母子生活支援施設は，個々の母子の家庭生活，稼動状況に応じ，就労，家庭生活，児童の養育に関する相談および助言等の生活指導をする。母子世帯の質的な変化や多様化したニーズに応えるため，①経済的，精神的自立の促進，②母子世帯児童の健全育成，③住宅提供または緊急保護，④地域社会に対しての生活福祉センター等の機能が求められている。

（4）保　育　所

　保育制度は，2015（平成27）年4月からは「子ども・子育て支援新制度」の下で実施されている。従来の「保育に欠ける」の要件から「保育を必要とする」になり，市町村に「教育・保育の必要性」を認定してもらうことが必要になった。

　対象児童は0歳から小学校就学始期までの乳幼児とされている。2008（平成20）年の法改正で，家庭における保育が一時的にできなくなった子どもを保育所等で保育する「一時預かり事業」とともに，障害のある子どもの権利を擁護し，成長を保障する障害児保育，さらに入院加療の必要ない病気中，または病気回復期にある「病児保育事業」も保育所の果たす大切な役割となっている。

　都市部においては，待機児童が多数存在しており，2017（平成29）年には，「子育て安心プラン」が策定され，多様な対策が講じられている。

第3節 児童福祉施設 85

（5）幼保連携型認定こども園

認定こども園は，2006（平成18）年に成立した「就学前の子どもに関する教育，保育等の総合的な提供の推進に関する法律」（認定こども園法）に基づき実施され，就学前の子どもへの幼児教育・保育の提供と，地域における子育て支援の2つの機能を有する。認定こども園の種別は，幼保連携型，幼稚園型，保育所型，地域裁量型とされ，従来の厚生労働省の保育所の制度，文部科学省の幼稚園の制度を活用した運営となっている。ここに長年議論されてきた幼保一体化*の議論が終結した。

なお，幼保連携型認定こども園は，児童福祉法第39条の2に基づく児童福祉施設である。

（6）児童厚生施設

屋内での遊びを基本とする児童館と，屋外での遊びを基本とする児童遊園の2つがある。「児童の遊びを指導する者」（児童厚生員）が置かれ，地域社会との連携を密にし，母親クラブ，子ども会などの子ども家庭福祉のための地域組織活動の拠点としての機能をもっている。また，児童館によっては，幼児の集団指導や放課後児童健全育成事業を行っている。

（7）児童養護施設

児童養護施設における指導内容は，①生活指導，②学習指導，③就職，進学，自立支援，④家族関係調整，の4つに分類できる。生活指導は，子どもの自主性を尊重し，基本的生活習慣を確立するとともに豊かな人間性および社会性を養い，子どもの自立を支援することを目的としている。

現在の児童養護施設は，大きな建物に多くの子どもが一緒に生活している大舎制が多く，入所児などに対して，十分な配慮と支援を行うことが難しい状況である。職員が子どもとの信頼関係を築き，自立支援を行うためには，小舎制

幼保一体化
　文部科学省が所管する幼稚園と，厚生労働省が所管する保育所の機能・制度を統合し一体化することをいう。

やグループホームへの移行が望まれる。

国は2012（平成24）年に「児童養護施設運営指針」を策定し，従来の「家庭代替機能」から「家庭支援（ファミリーソーシャルワーク）機能」への転換を掲げ，親子関係調整，アフターケア，施設の小規模化を強調している。

（8）障害児入所施設

2012（平成24）年度からの改正児童福祉法では，障害種別によらず福祉型障害児入所施設と医療型障害児入所施設に分けられる。従来の障害種別の施設と同等の支援を確保するとともに，主たる対象とする障害以外を受け入れた場合には，その障害に応じた適切な支援を提供することになっている。

（9）児童発達支援センター

児童発達支援センターは，通所する障害児への専門的支援，および当該地域在住の障害児やその家族への相談支援や保育所等訪問の実施といった地域支援機能を備えた施設である。医療提供の有無により福祉型児童発達支援センターと医療型児童発達支援センターに分けられる。

（10）児童心理治療施設

当初はおおむね12歳未満の児童を対象としていたが，1997（平成9）年の法改正により，必要がある場合には，20歳まで在所継続ができるようになった。

さまざまな環境上の理由により社会生活が困難になった子どもに対して，生活指導・心理治療・教育活動を中心に，相互に連携をとりながら治療に当たっている。入所・通所の2つがあり，子どもの状態に適した治療形態を取っている。また，子どもが当該施設を退所した後，健全な社会生活を営むことができるように援助を行っている。近年，入所児童として，被虐待児や発達障害児が増えている。2017（平成29）年4月に「情緒障害児短期治療施設」から名称変更となった。

（11）児童自立支援施設

児童自立支援施設は，自立を支援することが目的とされている。入所の対象として，「家庭環境その他の環境上の理由により生活指導等を要する児童」が加えられ，通所形態もとり入れられ，対象年齢も20歳までとなった。入所理由は，ほとんどが非行や不良行為によるものであるが，被いじめ・虐待による入所も増加している。

小舎夫婦制では寮長・寮母の夫婦が父母の代わりになり，家庭的な雰囲気や温かい生活を通じて，他者への基本的信頼感を育み，人間関係の基礎を培っている。なお，小舎夫婦制は交替勤務制に移行する施設が増えてきている。

（12）児童家庭支援センター

児童相談所では対応しきれない地域に根ざしたきめ細やかな相談援助活動を行っている。今後，さらに児童相談所や施設との連携などにより，家庭や地域における子ども家庭福祉の諸問題に対して，より積極的な支援活動の展開が期待されている。2008（平成20）年の法改正により，児童福祉施設に附置されるだけでなく，一定の要件を満たす医療機関やNPO法人などが，児童家庭支援センターを運営できるようになった（2009（平成21）年4月施行）。

❸ 児童福祉施設の設備及び運営に関する基準

児童福祉施設は，1948（昭和23）年以来国の定めた「児童福祉施設最低基準」（厚生労働省令，現「児童福祉施設の設備及び運営に関する基準」）に従って運営されてきた。2012（平成24）年に児童福祉法第45条が改正され，施設の設備と運営の基準は都道府県ごとに定められることになった。しかし，各都道府県が自由に基準を定めるものではなく，次の事項については厚生労働省令で定める基準に従い定めるものとし，その他の事項については厚生労働省令で定

める基準を参酌するものとしている。

　一　児童福祉施設に配置する従業者及びその員数

　二　児童福祉施設に係る居室及び病室の床面積その他児童福祉施設の設備に
　　　関する事項であって児童の健全な発達に密接に関連するもの

　三　児童福祉施設の運営に関する事項で，児童の適切な処遇の確保及び秘密
　　　の保持，妊産婦の安全の確保並びに児童の健全な発達に密接に関連するも
　　　の

■参考文献

1 ）厚生労働統計協会：国民の福祉と介護の動向2017/2018，2017
2 ）社会福祉の動向編集委員会編：社会福祉の動向2017，中央法規出版，2017
3 ）社会保障の手引き（平成29年版），中央法規出版，2017
4 ）厚生労働省：平成28年版厚生労働白書，ぎょうせい，2016
5 ）京極高宣編：第二版現代社会福祉学レキシコン，雄山閣，2003
6 ）加藤俊二編著：現代児童福祉論第 2 版，ミネルヴァ書房，2008
7 ）柏女霊峰著：現代児童福祉論第 8 版，誠信書房，2008
8 ）成清美治・加納光子：現代社会福祉用語の基礎知識第 8 版，学文社，2008
9 ）野口勝己・赤木正典編著：児童福祉論，建帛社，2012
10）社会福祉士養成講座編集委員会：児童や家庭に対する支援と児童・家庭福祉制
　　度第 6 版（新・社会福祉士養成講座15），中央法規出版，2016
11）福田公教・山縣文治編著：児童家庭福祉，ミネルヴァ書房，2011
12）山縣文治編：よくわかる子ども家庭福祉第 3 版，ミネルヴァ書房，2005
13）吉田眞理：児童福祉，青踏社，2010

第4章

子ども家庭福祉の専門職

第1節　子ども家庭福祉の専門職

1 子ども家庭福祉の機関従事者

　子ども家庭福祉従事者というのは，児童福祉行政機関や児童福祉施設で働く職員のことである。職員の資格要件は「児童福祉法」や「児童福祉施設の設備及び運営に関する基準」で定められ，職務内容は児童福祉施設の設備及び運営に関する基準に基づいて業務を実施している。

（1）児童福祉行政機関の職員

　児童相談所には，児童福祉司，児童心理司，医師（精神科医，小児科医），児童指導員，保育士，看護師などの職員が配置されている。福祉事務所には社会福祉主事，母子・父子自立支援員，知的障害者福祉司，身体障害者福祉司，家庭相談員などの職員が配置されている。

（2）児童福祉施設従事職員

　児童福祉施設は，施設の種別によって配置される職種は異なるが，児童指導員，保育士，少年を指導する職員，児童自立支援専門員，児童生活支援員，児童の遊びを指導する者，母子支援員，心理療法担当職員，看護師，助産師，医師，理学療法士，作業療法士，臨床検査技師，栄養士，調理員，事務職員など

90　　第 4 章　子ども家庭福祉の専門職

表 4 ― 1　子ども家庭福祉を支える職種

児童福祉施設の職員	施設長，児童指導員，児童自立支援専門員，児童生活支援員，保育士，児童の遊びを指導する者，職業指導員，少年指導員，母子支援員，介護福祉士，心理療法担当職員，臨床検査技師，薬剤師，医師，看護師，保健師，助産師，聴能訓練担当職員，言語訓練担当職員，理学療法士，作業療法士，栄養士，調理員，書記など
児童相談所の職員	児童福祉司，児童心理司，相談員，心理療法担当職員，児童虐待対応協力員，児童指導員，保育士，保健師など
福祉事務所の職員	社会福祉主事，母子・父子自立支援員，家庭児童福祉主事，家庭相談員など
保健所の職員	保健師，医師，精神保健福祉相談員など

である。

　以上のように，多くの職種の職員がそれぞれの児童福祉施設内で，各自の専門性を発揮しながらチームワークのもとに福祉を推進している（表 4 ― 1）。

2　子ども家庭福祉従事者の専門性

　子ども家庭福祉の業務は，子どもの養育・援助・治療をはじめ，人間の尊厳や自己実現，人権や人格形成に大きな影響を与える職種である。したがって，子ども家庭福祉従事者は，それぞれの施設がもっている目的や役割，機能を実現するため，専門的知識や技術を駆使して，子どもや親・家庭のもっている問題や障害の軽減・除去，予防に努めることが大切である。

　子ども家庭福祉従事者の業務は，「児童福祉施設の設備及び運営に関する基準」等に規定されている。また，「養護施設運営要領」（厚生労働省雇用均等・児童家庭局）には施設従事者の要件として次のことが示されている。①子ども

を把握，指導できる人，②愛情と奉仕の人，③優れた生活指導者，④協調性に富んだ人，⑤心身ともに健康な人，などがあげられている。実に現実的で実践的な必修の事柄である。

　一方，ミラーソン（Millerson, G.）*は「専門職とは，相応の職業上の地位が認められ，一定の研究領域をもち，専門的な教育と訓練を経，固有の職務を行う職業である」として，①専門職は倫理に基づいた技術をもつ，②その技術を得るためには訓練と教育が必要である，③専門職となるためには資質の向上に努めなければならない，④行動綱領*を守ることで統一性が維持される，⑤そのサービスは公衆の福祉につながる，⑥その職業が組織化されている，ことをあげている。

　ミラーソンの理論は，子ども家庭福祉の現場の人々には高次元のものであるが，専門職者は，子どもに関する科学的，専門的な知識・技術をより深く，学習することが大切である。

（1）福祉倫理

　子ども福祉援助の基礎となる子ども家庭福祉理念の理解は，従事者の基本的態度にかかわる。指導・援助を専門的に行うためには，従事者の専門知識と職業倫理が備わっていなければならない。倫理は人間関係になんらかの価値（望ましさ）が適用されたものであり，その人の思考や判断，あるいは行動などを左右したり，規制したりする道徳的な規範である。

　子ども福祉援助技術はケースワークの過程で複雑な問題を前にして，一定の規範ですべてが割り切れるわけではなく，倫理によって解決できない場合もある。そのような状態を「倫理上のジレンマ」という。ジレンマとは対比する２つの条件や事柄を前にして，どちらに決めようかと迷うことである。

ミラーソン（Millerson, G.）
　専門職として上記のような条件をあげ，これらの基準は，職業が専門職化される程度を測定するのにも用いられるともいっている。

行動綱領
　子ども家庭福祉専門職の業務上，あるいは倫理上の行動規範（とるべき規則，判断，行為の基準）を示す。

92 第4章 子ども家庭福祉の専門職

第2節　子ども家庭福祉機関・施設職員の資格と職務

1 子ども家庭福祉従事者の資格と職務

　近年の社会福祉施策の拡充に伴い，社会福祉従事者の数は増加し，2016（平成28）年度で106万7,500人に達している。このうち子ども家庭福祉従事者は62万7,500人で，全体の58.8%を占めている。国民が望む子ども家庭福祉の増進と向上を図るためには，子ども家庭福祉従事者の資格制度の確立と資質の向上は欠かすことのできない重要な課題である。

　わが国では専門職の多くは，国家資格を必要とする職業に多い。国家資格には，2種類の資格がある。1つは資格がないとその業務ができない「業務独占」資格である。もう1つの資格は，資格がなくとも業務はできるが，資格がないのに名称を名乗ることはできない「名称独占」資格である。

　業務独占資格は，医師，看護師，薬剤師などの資格で，資格がないのにその業務を行うと刑罰を受けることになる資格である。名称独占資格は，保育士，社会福祉士，介護福祉士，理学療法士，栄養士などの資格で，例えば，資格がないのに「社会福祉士」等の名称を名乗って業務を行うと，社会福祉士及び介護福祉士法第48条，第53条に違反し罰金刑を受けることになる。

　業務独占の資格は，医師，看護師，薬剤師などの医療関係職に多く，名称独占の資格は保育士，社会福祉士，介護福祉士，理学療法士，栄養士などの福祉関係職に多い。

（1）子ども家庭福祉の行政機関

　このところ，社会を震撼させるような子ども虐待事件の続発で，児童相談所

の機能や役割がしばしば報道されている。家庭の養育機能の脆弱化，子育て貧困家庭の問題などにも配慮して，複雑な時代背景を分析し，子どもの健全育成を図るための各種条件の整備，問題解決への援助的役割を果たす人的資源の確保が望まれる。

　子ども家庭福祉の行政機関の主な職種とその資格は，次のようになっている（表4－2）。

1）児童相談所

　児童福祉法による，都道府県と指定都市に義務設置されている子ども家庭福祉行政の中枢的な現業機関である。所長，児童福祉司，相談員，児童心理司，児童指導員，保育士などの専門職員が配置されている。

表4－2　子ども家庭福祉専門行政機関

専門行政機関の種類	児童福祉関連業務（職務）の内容	専 門 職 員
児童相談所 （法第12条） （自治法第156条別表5）	相談・調査・診断・判定・援助 児童の一時保護 指導・施設入所・委託 親権喪失宣言の請求等民法上の権限の行使 地域への相談援助活動の支援	所　　長（法第12条の3） 児童福祉司（法第13条） 児童心理司（法第12条の3） 相談員 心理療法担当職員 スーパーバイザー 医師（精神科医，小児科医） 保健師 児童指導員 保育士
福祉事務所 （社会福祉法第14条）	助産施設・母子生活支援施設入所措置 母子・父子家庭に関する相談 児童・妊産婦への相談・指導 家庭児童相談	社会福祉主事（社会福祉法第19条） 母子・父子自立支援員 家庭相談員
保健所 （地域保健法第5条）	児童・妊産婦の保健について正しい知識の普及 未熟児訪問指導 療育医療給付 栄養改善指導 身体障害児・長期療養児療育指導	医師 保健師 助産師 薬剤師 診療放射線技師 栄養士

（注）表中「法」は「児童福祉法」，「自治法」は「地方自治法」の略

〔所　　　長〕
① 医師であって，精神保健に関して学識経験を有する者
② 大学にあって，心理学を専修する学科又はこれに相当する課程を修めて卒業した者
③ 社会福祉士
④ ２年以上児童福祉司として勤務した者
⑤ 前号に準ずる者であって，所長として必要な学識経験を有する者

〔児童福祉司〕
① 都道府県知事の指定する児童福祉司若しくは児童福祉施設の職員を養成する学校，その他の施設を卒業し，又は厚生労働大臣の指定する講習会の課程を修了した者
② 大学において，心理学，教育学，若しくは社会学の学科又はこれに相当する課程を卒業した者で，１年以上児童その他の福祉に関する相談に応じ，助言，指導等の業務従事者
③ 医師
④ 社会福祉主事として，２年以上児童福祉事業に従事した者（指定の講習会を修了する必要あり）

〔児童心理司〕
① 都道府県知事が指定する児童福祉司若しくは児童福祉施設の職員を養成する学校その他の施設を卒業し，又は厚生労働大臣の指定する講習会の課程を修了した者
② 大学において，心理学，教育学若しくは社会学を専修する学科又はこれらに相当する課程を修めて卒業した者

〔児童指導員および保育士〕

　資格については，次項（2）の1）を参照のこと。一時保護にかかわる直接指導担当の職員であり，児童指導員と保育士は生活指導，レクリエーション，学習指導を担当し，児童の処遇決定のために必要な行動観察などを行う。

2）福祉事務所

　社会福祉法第14条に基づいて設置されている社会福祉行政の第一線の機関で，都道府県，市町村の設置する福祉事務所において相談援助にあたる現業職員で，生活保護法，老人福祉法，身体障害者福祉法，知的障害者福祉法，児童福祉法，母子及び父子並びに寡婦福祉法に基づく業務を行っている。なお，社会福祉主事の行う子ども家庭福祉関係の主な業務は，地域の児童および妊産婦等の福祉に関する相談と実情把握，児童相談所との連携に基づく指導，児童相談所から委嘱された調査の実施，助産施設，母子生活支援施設への入所手続きなどである。

〔社会福祉主事〕

① 　大学等で厚生労働大臣の指定する社会福祉に関する科目を修めて卒業した者
② 　都道府県知事の指定する養成機関又は講習の課程を修了した者
③ 　社会福祉士
④ 　厚生労働大臣の指定する社会福祉従事者試験に合格した者

〔母子・父子自立支援員〕

　「社会的信望があり，かつ職務を行うに必要な熱意と識見をもっている者」とされている。

3）保　健　所

　保健所では，両親学級（母親学級）を開き育児指導と妊産婦の保健について

96 　第4章　子ども家庭福祉の専門職

衛生知識の普及，未熟児への訪問指導，医療援護，身体障害児の療育指導など
を行っている。

〔保 健 師〕

　資格は，看護師資格をもつ者で，保健師養成所等を卒業して国家試験に合格
した者

（2）児童福祉施設の従事者

　児童福祉施設に従事する専門職の人々は，子どもの直接指導・援助をする児
童指導員や保育士，事務職員や栄養士・調理員等間接援助を行う職員，そして
医師や看護師，理学療法士・作業療法士などの専門職員，管理者の施設長な
ど，実に多くの人々がチームワークを組んで業務を実施している（表4－
3）。

1）保　育　士

　保育士は，児童福祉施設の中で最も人員が多い職種である。施設種別によっ
て業務内容は多少違うが，児童養護の中心的存在であり，生活全般の援助・支
援を行う。各施設の機能を熟知した上で専門性が求められている。

〔保育士の資格〕

① 　厚生労働大臣の指定する保育士を養成する学校，その他の施設を卒業した者

② 　都道府県の実施する保育士試験に合格した者

2）児童指導員

　児童指導員は，ほとんどの児童福祉施設に配置されており，保育士と同じよ
うに，入所児童についての指導や援助活動が主である。児童指導員は，社会福
祉援助技術の熟知が求められている。

〔児童指導員の資格〕

① 　児童福祉施設の職員を養成する学校その他の養成施設を卒業した者

② 社会福祉士の資格を有する者

③ 精神保健福祉士の資格を有する者

④ 大学，大学院で，社会福祉学，心理学，教育学若しくは社会学を専修する学科又はこれらに相当する課程を修めて卒業した者

⑤ 大学の学部で社会福祉学，心理学，教育学又は社会学に関する科目の単位を優秀な成績で修得したことにより，大学院への入学が認められた者

表4－3　児童福祉施設の職種別従事者数

2016（平成28）年10月1日現在，単位：人

	総数	児童福祉施設 （保育所除く）	保育所
総数	627,510	80,882	546,628
施設長	28,709	4,332	24,377
児童指導員，児童生活支援員，児童自立支援専門員	13,792	13,792	
職業・作業指導員	274	274	
心理療法担当職員	1,734	1,734	
理学療法士	1,028	1,028	
作業療法士	839	839	
保育教諭（主幹，副園長）	52,698		52,698
栄養士	15,298	1,388	13,910
医師	3,546	1,200	2,346
保健師・看護師	18,763	10,170	8,593
児童厚生員	10,442	10,442	
保育士	373,582	16,630	356,952
調理員	52,868	4,065	48,803
父子・母子指導員	700	700	
事務員	17,667	3,761	13,906
その他の職員	35,570	10,527	25,043

（資料）厚生労働省：社会福祉施設等調査（2017）

注：数字は常勤を含む。その他の職員には，その他の療法員，児童発達支援管理責任者も含む。

⑥　小・中・高等学校，中等教育学校等の教諭となる資格を有する者

⑦　高等学校等を卒業した者で 2 年以上児童福祉事業に従事した者

⑧　3 年以上児童福祉事業に従事した者で，都道府県知事が適当と認めたもの

3）母子支援員

　母子生活支援施設において，入所している母親との信頼関係をつくり，生活相談，職業相談，親子関係の指導などを行う。また，母子生活のプライバシーを守りながら，施設の行事などに積極的に参加するように助言・指導する。

〔母子支援員の資格〕

①　都道府県知事の指定する児童福祉施設の職員を養成する学校その他の養成施設を卒業した者

②　保育士の資格を有する者

③　社会福祉士の資格を有する者

④　精神保健福祉士の資格を有する者

⑤　高等学校等を卒業した者で 2 年以上児童福祉事業に従事した者

4）児童の遊びを指導する者

　児童館，児童遊園などに従事し，児童の健全育成を目的に児童の遊びを指導する専門職員である。音楽，絵画などのクラブ活動やレクリエーション指導，ボランティア活動や地域交流活動などの企画・運営を行っている。

〔児童の遊びを指導する者の資格〕

①　都道府県知事の指定する児童福祉施設の職員を養成する学校その他の養成施設を卒業した者

②　保育士の資格を有する者

③　社会福祉士の資格を有する者

④　高等学校等を卒業した者等で 2 年以上児童福祉事業に従事した者

⑤　教諭となる資格を有する者（幼稚園・小・中・高校教諭等資格保有者）

5）児童自立支援専門員・児童生活支援員

　児童自立支援専門員は児童自立支援施設に配置されている職員で，児童の生活指導及び学習指導，職業指導さらに家庭環境調整，アフターケアなどの業務を担当している。児童生活支援員は児童の生活支援を中心に児童自立支援員と協力して支援にあたっている。

〔児童自立支援専門員の資格〕

①　医師であって，精神保健に関して学識経験を有する者

②　社会福祉士の資格を有する者

③　児童自立支援専門員を養成する学校その他の養成施設を卒業した者

④　大学院で，社会福祉学，心理学，教育学若しくは社会学を専修する学科若しくはこれらに相当する課程を修めて卒業した者で1年以上児童自立支援事業に従事したもの等

⑤　高等学校を卒業した者で3年以上児童自立支援事業に従事したもの等

⑥　小・中・高等学校，中等教育学校等の教諭となる資格を有する者で，1年以上児童自立支援事業に従事したか2年以上教員に従事したもの

〔児童生活支援員の資格〕

①　保育士の資格を有する者

②　社会福祉士の資格を有する者

③　3年以上児童自立支援事業に従事した者

6）虐待児個別対応職員

　増加する子ども虐待の処遇を充実するために，児童養護施設，母子生活支援施設，児童心理治療施設，児童自立支援施設を対象に配置されている。専門職員としては，豊かな知識と経験を有する主任児童指導員か，それに準じた職員

100　第4章　子ども家庭福祉の専門職

1人を変則勤務から外して配置できる処遇体制整備が求められている。

7）心理療法を担当する職員

　虐待等による心的外傷のために心理療法が必要な児童に，遊戯療法やカウンセリング等の心理療法を行い，児童の安定や人間関係の改善などを図り心的外傷を治療することを目的として，乳児院，児童養護施設，児童心理治療施設，母子生活支援施設に配置されている。

〔心理療法を担当する職員の資格〕

　大学で，心理学を修め学士と称することを得る者であって，個人及び集団心理療法の技術を有する者又はこれと同程度と認められる者

■参考文献

1）厚生労働統計協会：国民の福祉の動向2017/2018，2017
2）厚生労働省：平成29年版厚生労働白書，ぎょうせい，2017
3）野口勝己・赤木正典編著：児童福祉論，建帛社，2012
4）社会福祉士養成講座編集委員会編：児童や家庭に対する支援と児童・家庭福祉制度，中央法規，2010
5）『社会福祉学習双書』編集委員会編：児童家庭福祉論，全国社会福祉協議会，2009
6）山縣文治・柏女霊峰編集員代表：社会福祉用語辞典，ミネルヴァ書房，2016

第5章

母子保健と福祉

第1節　母子保健の概要

1　母子保健の意味

　母子保健は，次世代を担う子どもが心身共に健やかに育つため，妊娠・出産から幼児期までの保健支援策である。具体的支援策は，妊産婦健康診査*，妊娠期の両親学級，乳幼児健康診査，妊婦や乳幼児の予防接種，健康教室や保健指導などがある。

　昭和50年代までの日本は，諸外国に比べて乳幼児や妊産婦の死亡率が高い国であった。日本政府は，母子保健の向上を図るため，1965（昭和40）年に母子保健法を制定した。制定以降は，乳児や妊産婦の死亡率が低下し，現在では母子保健の水準（乳児や妊産婦の死亡率が指標）は，世界でもトップレベルである。

2　乳児・妊産婦の死亡率

（1）乳児死亡率

　1950（昭和25）年の乳児死亡率（出生数千人に対して，生後1年未満で死亡した数）は，60.1人と，諸外国に比べて高かった。

妊産婦健康診査

　妊娠週数位で，検査，計測などを行い，経過観察して，合併症や異常を見つけ，必要な指導，治療を行う。流早産，妊娠高血圧症候群，未熟児出産などの予防が目的である。診察は，一般病院，保健センター，母子健康センターなどで行われている。

102　第 5 章　母子保健と福祉

表 5 — 1　乳児死亡率（出生千対）・妊産婦死亡率（出生10万対）の国際比較

	乳児死亡率				妊産婦死亡率			
	1980年 （昭和55）	2000年 （平成12）	2010年 （平成22）	2016年 （平成28）	1975年 （昭和50）	1995年 （平成 7 ）	2005年 （平成17）	2015年 （平成27）
日本	7.5	3.2	2.3	2.0	28.7	7.2	5.8	3.9
アメリカ	12.6	6.9	6.1	(2015)5.9	12.8	7.1	18.4	28.7
フランス	10.0	4.4	3.5	3.5	19.9	9.6	5.3	(2014)4.7
オランダ	8.6	5.1	3.8	3.5	10.7	7.3	8.5	3.5
スイス	9.1	4.9	3.8	3.6	12.7	8.5	5.5	6.9

（資料）厚生労働省「人口動態統計」
（出典）厚生労働統計協会：国民衛生の動向2017 2018, p. 75, p. 80, 2017 および 2019 2020, p. 72,
　　　　p. 77, 2019

　しかし，母子保健法制定後は母子医療の進歩，栄養状態の改善，産院での分娩，保健衛生の向上などで乳幼児の死亡率は低下してきた。2017（平成29）年の乳児死亡率は1.9人で，日本は世界でも死亡率の低い国である（表 5 — 1 ）。

（2）妊産婦死亡率

　1950（昭和25）年は妊産婦死亡率（出生数10万人に対し，妊娠中または分娩後42日以内に妊娠が原因した死亡数）は，176.1人で日本は諸外国に比べて高かった。母子保健法制定後は，妊産婦健康診査，産科医療の向上，救急医療体制の整備などで，妊産婦の死亡率は低下してきた。近年の妊産婦の死亡率の低さは，世界でもトップレベルである（表 5 — 1 ）。

第2節　母子保健の施策

1　母子保健の実施機関

　母子保健の実施は6歳未満の乳幼児と妊産婦（妊娠から出産後1年未満）の健康増進を図るため，健康診査，保健指導，療養援護，医療対策の4側面から施策が行われている。

　この施策の実施機関は，都道府県（保健所*）と市町村（保健センター*）である。母子保健事業は，市町村は健康診査，保健指導や訪問指導等を担当し，保健所は医療等の専門的母子保健サービスを担当している（表5－2）。

　市町村は，母子保健の対象者（妊娠者）に「母子健康手帳」を交付し，母子保健事業の推進を図っている。母子健康手帳には，妊娠・出産・健康・発達状況をはじめ，母子の心身の健康状態や子どもの成長記録等が記載されている。

表5－2　母子保健事業の推進体制

	市町村（保健センター） ○基本的母子保健サービス	都道府県（保健所） ○専門的母子保健サービス
健康診査等	妊産婦，乳幼児（1歳6か月児）の健康診査	先天性代謝異常等検査*など
保健指導等	母子健康手帳の交付 婚前学級，両親学級，育児学級など	不妊専門相談，女性の健康教育など
訪問指導	妊産婦，新生児訪問指導	未熟児訪問指導
療養援護等		未熟児養育医療，小児慢性特定疾患治療研究事業など

保健所

　地域保健法に基づき，保健所は都道府県，政令指定都市，中核市，特別区に設置されている。保健所は，地域住民の健康や衛生を支える公的機関である。近年は「保健福祉事務所」「健康福祉センター」の名称になっているところが多い。

保健センター

　保健センターは，地域保健法によって市町村に設置されている。保健センターでは，住民の健康相談，健康診査，保健指導等の保健サービスを行い，住民の健康増進を図る機関である。

先天性代謝異常等検査

　先天性代謝異常等検査は，障害の早期発見と

2 母子保健施策

　母子保健は，健康の基礎を築く出発点として大切な施策である。母子保健の施策の体制は，次のようになっている（図5−2）。

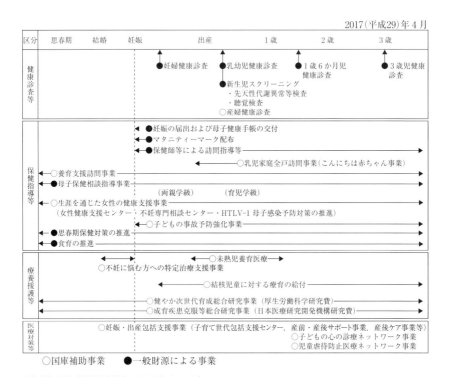

図5−2　主な母子保健施策

（資料）厚生労働統計協会：国民衛生の動向2019 2020，p.112，2019

早期治療を目的に生後，産院で血液検査を行いフェニルケトン尿症等，各種の先天性代謝異常の有無を調べる検査である。フェニルケトン尿症等は，早期治療で障害を防ぐことができる。検査料は公費負担である。

（1）健康診査

健康診査は，疾病や障害の早期発見が目的である。健康診査は，妊産婦の健康診査，乳幼児の健康診査（1歳6か月児健康診査，3歳児健康診査など）がある。

① 妊産婦・乳児健康診査

妊産婦健康診査は，妊産婦の健康管理が目的である。健康診査は，市町村の指定医療機関で妊娠の前期・後期に各1回受診する制度で，医療費は公費負担である。また，乳児健康診査は，疾病や障害の早期発見と健康管理を目的としたもので，医療費は公費負担である。

② 1歳6か月児健康診査・3歳児健康診査

幼児期の健康管理と疾病や障害などの早期発見と早期治療を目的に1歳6か月，3歳児に行う健康診査である。健康診査は市町村の保健センターを会場に，身体発育，視聴覚，内科や歯科，言語発達や精神発達の健康診査を実施し，健康診査の医療費は公費負担である。

（2）保健・訪問指導

市町村は，妊産婦の保健衛生，出産や育児に関する保健指導，育児学級や両親学級の開設，栄養指導や育児相談を行っている。また，精神的に不安定な妊産婦，難産や低体重，新生児や病弱児，発達障害など，養育上の配慮が必要な家庭を対象に，保健師が保健指導のため定期的に家庭訪問を行っている。

① 保健指導

母子保健の普及と増進を目的に妊産婦を対象に，婚前学級や育児教室を開催し，保健衛生の指導，知識の普及活動を行っている。

② 保健師の訪問指導

未熟児，障害児，育児放棄，精神的に不安定な家庭を対象に，保健師が家庭

自立支援医療

2006（平成18）年の障害者自立支援法の施行で，それまでの育成医療（児童福祉法），更生医療（身体障害者福祉法），精神障害者通院医療（精神保健福祉法）を統合してできた制度。医療費の大小，所得の多い少ないに応じた，公平な負担を求めている。障害者の自立を支援するため市町村で行われ，国，都道府県も義務的

106   第5章　母子保健と福祉

を訪問し保健指導を行っている。

（3）療養援護

　国は，乳幼児の疾病や障害を防止するため，特定の障害や疾病（未熟児養育医療，妊娠高血圧症候群等療養援護，自立支援医療*，小児慢性特定疾病*医療費ほか）などに必要な医療費は，公費負担で行う制度である。

①　妊娠高血圧症候群等療養援護

　妊婦の糖尿病，貧血，妊娠高血圧症候群*などは，妊産婦死亡または周産期死亡の原因になることが多い。また，未熟児や障害発生の原因になることが多いため，医療費を公費で負担している。

②　未熟児養育医療

　出生時の体重が2,500ｇ未満の新生児は，保健所に届け出るとともに，保健所は訪問指導や指定養育医療機関等への入院指導を行っている。未熟児は死亡率が高く，疾病や障害などの出現率が高いので，医療費は公費で負担している。

（4）医療対策

　国は，妊娠や分娩時の緊急事態に対処するため，周産期医療機関の整備，不妊専門相談センター*，不妊治療費助成事業，子どもの心の診療病院の推進事業などの充実をはじめ，周産期医療のネットワークの整備を図っている。

3　母子保健活動の事例

　市町村は，乳幼児の疾病や障害の早期発見，早期治療のため，各種の健診を実施している。本事例は，1歳6か月健診で「言葉の遅れ」が発見され，保健センターで療育指導を受けたケースである。

経費を負担している。

小児慢性特定疾病
　小児の慢性疾患の中で，治療しないと発育，命に重大な影響をもち，治療期間が長期化，高額医療費を要する疾病については公費負担となる。2005（平成17）年以降，児童福祉法に基づく小児慢性特定疾患治療研究事業となる。さら

に，2015（平成27）年の児童福祉法改正により「小児慢性特定疾病」とされた。対象疾患は16疾患群756疾病（2018年4月現在）あり，健康保険の自己負担分が全額，または所得に応じて一部，公費により給付される。

妊娠高血圧症候群
　妊娠8か月頃に「むくみ・高血圧・尿タンパ

【主訴】

　本児（男）は，1歳6か月の健診時「ママ，アーアー」等の発語のみであった。健診後，保健師はしばらく経過観察を行っていたが，言葉が増えないため臨床心理士に指導を求めたケースである。

【事例の概要】

　父系の従兄弟に「言葉の遅滞」した男児がいる。"男の子は言葉が遅い"が祖母の口癖で，母もあまり気に留めていなかった。保健師の勧めで精密健診を受診した。発達検査*の結果は，運動能力，社会性能力は正常である。言語能力では，発語（しゃべるなど）能力は1歳2か月程度，言語理解は年齢相応の発達である。本児は「言語発達遅滞児」であるため療育の必要があるとして，保健センターの「バンビ教室（療育指導）」に通いはじめた。

【指導経過】

　バンビ教室は，発達障害や発育遅滞，言葉の障害などがある幼児（5〜8人）が母親と一緒に通い，指導者は保健師，保育士，臨床心理士（時々）などが参加し，指導内容は親子体操，音楽，散歩，相談などである。

　最初の頃，本児は一人遊びの状態が何か月も続いていたが，玩具の奪い合いが始まった頃から，「チャチャ」など，無意味語の連発が多くなった。3歳過ぎた頃から，言葉の不明瞭は目立つが，言葉が増えてきたので療育指導を終結した。

■引用・参考文献

1）厚生労働統計協会：国民衛生の動向2017/2018，p.75，p.80，2017
2）厚生労働統計協会：国民衛生の動向2019/2020，p.72，p.77，p.112，2019
3）母子愛育会愛育研究所編：日本子ども資料年鑑，KTC中央出版，p.141，2017

ク」等の症状が出現し，軽い場合は胎児への影響はないが，早産や未熟児出産，胎児の仮死状態等のおそれがあるため，治療が必要である。

不妊専門相談センター

　不妊専門相談センターは，都道府県，政令指定都市に設置されている。不妊に悩む夫婦に医師・助産師が相談に応じ，治療等について指導を行っている。

発達検査

　発達検査は，乳幼児の精神発達（知能）を調べ，養育に役立てる検査である。知能検査や性格検査等とともに心理検査の一種である。発達検査には，いろいろな種類がある。

第6章

子どもの健全育成

第1節　子どもの健全育成の概要

1 子どもの健全育成の展開

　1947（昭和22）年に成立した児童福祉法第1条において「すべて国民は，児童が心身ともに健やかに生まれ，且つ，育成されるよう努めなければならない」と規定された。さらに，2016（平成28）年の児童福祉法改正では，第2条は「全て国民は，児童が良好な環境において生まれ，かつ，社会のあらゆる分野において，児童の年齢及び発達の程度に応じて，その意見が尊重され，その最善の利益が優先して考慮され，心身ともに健やかに育成されるよう努めなければならない」と改正された。これは，児童福祉法の理念であり，「児童健全育成」という言葉は，この理念を表す行政用語として用いられている。

　しかし，このような高い理念にもかかわらず，児童福祉法が制定された当初は，社会的に深刻な問題の対応に追われた。1945（昭和20）～1960（昭和35）年の戦後混乱期には社会的養護問題，非行問題への対応が喫緊の課題であった。家庭環境に恵まれない子どもへの対応は，児童福祉施設への入所という形で行われたが，これらは要保護児童対策であり，いわゆる児童健全育成対策とは区別された。当時の児童健全育成施策は，非行防止対策として進められた。

地域子育て支援拠点事業（児童館型）
　民営の児童館における学齢児が来館する前の時間を活用して，つどいの場を設け，子育て中の当事者などをスタッフとして交え，子育て家庭への支援を実施する。他にひろば型，センター型がある。2013（平成25）年には地域子育て支援拠点事業（連携型）に再編された。

第1節　子どもの健全育成の概要　*109*

　1961（昭和36）〜1970（昭和45）年の高度経済成長期には，「人づくり政策」が重視され，高度経済成長に対応する新しい人材を確保するための児童健全育成施策が行われた。心身障害児問題への対応もこの時期から開始された。

　1971（昭和46）〜1989（平成元）年の低経済成長期には，急激な都市化や高度産業化社会の進行によって情緒障害問題，心理的自立の問題などの子どもや家庭の病理現象が生じた。これらに対応するために，非行防止対策だけでなく，一般児童を対象とした幅広い児童健全育成施策が展開された。また，家族や地域社会の養育機能の低下による問題が顕在化し，その対策が児童健全育成事業として検討され始めた。放課後児童クラブの受け皿として，都市を中心に児童館も増設された。

　そして，1990（平成2）年の1.57ショックを契機に，母親の社会進出に伴う社会的保育や少子化への対応が課題となってきた。1997（平成9）年には，児童福祉法の大幅な改正がなされた。2003（平成15）年には「次世代育成支援対策推進法」が成立し，国・地方公共団体・企業など国民全体で次代を担う子どもたちの育成に取り組む体制が推進されることになった。2007（平成19）年には，地域子育て支援拠点事業（児童館型）*が創設され，地域子育て支援事業を実施する児童館もみられるようになった。さらに，2012（平成24）年に子ども・子育て関連3法*が成立し，2015（平成27）年度から施行されているが，放課後児童健全育成事業は子ども・子育て支援法において，地域子ども・子育て支援事業として位置づけられた。このように，要保護児童を含むすべての子どもと家庭を対象とする総合的な子育ち・子育て支援が展開されることになった[1]。

子ども・子育て関連3法
　2012（平成24）年3月に「子ども・子育て新システムの基本制度について」が少子化社会対策会議において決定され，2012（平成24）年にこの3つの法律が成立し，①質の高い幼児期の学校教育・保育の総合的な提供，②保育の量的拡大・確保，③地域の子ども・子育て支援の充実が図られることになった。3つの法律とは，

①子ども・子育て支援法，②就学前の子どもに関する教育，保育等の総合的な提供の推進に関する法律の一部を改正する法律，③就学前の子どもに関する教育，保育等の総合的な提供の促進に関する法律の一部を改正する法律の施行に伴う関係法律の整備等に関する法律である。

2 子どもの健全育成とは

「健全育成」という言葉は、いろいろな分野で使われている。例えば、2009（平成21）年に成立した子ども・若者育成支援推進法*の第2条第1項には、基本理念の一つとして「一人一人の子ども・若者が、健やかに成長し、社会とのかかわりを自覚しつつ、自立した個人としての自己を確立し、他者とともに次代の社会を担うことができるようになることを目指すこと」とある。

子ども家庭福祉の分野では、「健全育成」という言葉は、広義と狭義の二通りの意味で使われている。広義には、児童福祉法第2条に定められた児童福祉法の理念を表す行政用語として用いられている。したがって、広義の児童健全育成施策は、すべての子ども家庭福祉分野における施策、いわゆる「要保護児童」を対象とする施策も含むものである。

これに対して、狭義の児童健全育成施策とは、「広く一般の家庭にある児童を対象として、児童の可能性を伸ばし、身体的、精神的、社会的に健全な人間形成に資するため、生活環境条件の整備、児童とその家庭に対する相談援助等を行う」[2]ものである。本章では狭義の子どもの健全育成について述べていきたい。

国が実施している児童健全育成施策は、次の3つの領域に分けられる[2]。①子どもが家庭において保護者の温かい愛情と保護の下に育成されるため、家庭づくりを支援するサービス（各種相談援助事業、児童手当など）、②子どもの生活の大半を占める遊びの環境づくりと地域における子どもの育成に関する相互協力の活動への援助（児童厚生施設の設置・運営、放課後児童健全育成事業、地域組織活動など）、③豊かで楽しい遊びを体験させるための活動への直接的な援助（児童福祉文化財普及事業、子どもの居場所づくり事業など）。

子ども・若者育成支援推進法
　2009（平成21）年成立し、2010（平成22）年4月1日より施行。国の本部組織、子ども・若者育成支援施策の推進を図るための大綱、地域における計画、ワンストップ窓口といった枠組みの整備、そして社会生活を円滑に営む上で困難を有する子どもや若者を支援するための地域ネットワーク整備を主な内容とする。

小型児童館
　小地域を対象として、児童に健全な遊びを与え、その健康を増進し、情操を豊かにするとともに、母親クラブ、子ども会等の地域組織活動の育成助長を図る等児童の健全育成に関する総合的な機能を有するもの。

なお，都道府県，指定都市，中核市，市町村においては，これらの事業を中心にその他の独自の事業も展開されている。また，①の家庭づくり支援サービスについては，他章で触れるので，②と③を中心にみていきたい。

第2節　子どもの健全育成活動の現状

地域の子どもの健全育成活動は，児童厚生施設などの公的施設，社会福祉協議会，児童委員・主任児童委員などの公的ボランティア，地域子ども会や母親クラブなどの地域組織，企業，NPO団体，ボランティアなど，公的・私的な組織や個人によって行われている。具体的には以下のような活動が展開されている。

1 児童厚生施設の設置運営

児童厚生施設については，児童福祉法第40条において「児童遊園，児童館等児童に健全な遊びを与えて，その健康を増進し，又は情操をゆたかにすることを目的とする施設とする」と定められている。他の児童福祉施設が保護を必要とする児童を入所させることを目的としているのに対し，積極的に一般児童の健全な育成と福祉（ウェルビーイング）の向上を図ろうとするものである。

（1）児　童　館

児童館は小型児童館*，児童センター*（大型児童センターを含む），大型児童館*（A型，B型，C型），その他の児童館（「こどもの国」）の6つに大別できる。設備，運営については，児童福祉施設の設備及び運営に関する基準や児童館設置運営要綱などに定められている。児童館や児童センターでは，放課後児童健全育成事業や，児童ふれあい交流促進事業*なども実施されている。児

児童センター
　小型児童館の機能に加え，遊び（運動を主とする）を通して体力増進を図ることを目的とした指導機能を有し，必要に応じて年長児童に対する育成機能を有するもの。

大型児童館
　A型児童館は，児童センターの機能に加え

て，都道府県内の小型児童館，児童センター等の指導および連絡調整等の役割を果たす中枢的機能を有するもの。B型児童館は，児童センターの機能に加え，自然の中で児童を宿泊させ，野外活動が行える機能を有するもの。C型児童館は，広域を対象とし，多様な児童のニーズに総合的に対応できる体制にあるもの。

112　第6章　子どもの健全育成

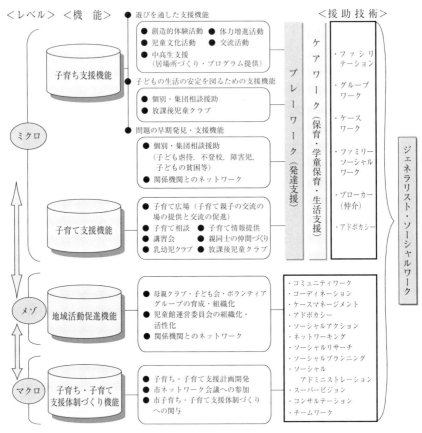

図6—1　児童館の機能と職員の役割

童館では学齢期の子どもが来館する前の時間については，比較的，施設が弾力的に使用できるという利点があることから，2007（平成19）年に地域子育て支援拠点事業（児童館型）が創設され，乳幼児をもつ保護者を対象にした子育

児童ふれあい交流促進事業
　2003（平成15）年度から市町村（ただし，社会福祉法人，特定非営利活動法人等への委託可）が児童館等の公的施設を活用し，①年長児童の赤ちゃん出会い・ふれあい・交流事業，②中高校生居場所づくり推進事業，③絵本の読み聞かせ事業を実施している。

利用者支援事業
　2015（平成27）年度から，子ども・子育て支援法の地域子ども・子育て支援事業の1つとして位置づけられ，市町村において実施されることになった。主な事業は総合的な利用者支援と地域連携である。身近な場所での寄り添い型の支援と地域連携を行う「基本型」と，主に行政機関の窓口で待機児童解消のため利用者支援を

広場が開設され，2013（平成25）年には地域子育て支援拠点事業（連携型）に再編された。2015（平成27）年4月からスタートした地域子ども・子育て支援事業の一つである利用者支援事業*についても児童館の積極的な活用が期待されている。さらに，2016（平成28）年度から子どもの貧困対策の一つとして，ひとり親家庭の子どもの生活の向上を図るために子どもの生活・学習支援事業（居場所づくり）*が実施されているが，この事業についても児童館を活用して実施することが可能である。また，児童館等における福祉サービスの取り組みの向上を図るため，2006（平成18）年8月に，「児童館版の『福祉サービス第三者評価基準ガイドラインにおける各評価項目の判断基準に関するガイドライン』及び『福祉サービス内容評価基準ガイドライン』について」が示された。2017（平成29）年10月現在で，小型児童館2,680か所，児童センター1,725か所，大型児童館21か所，その他の児童館115か所，合計4,541か所設置されている。

1）児童館の機能

　図6―1に示すように，児童館の機能はミクロレベルの「子育ち支援機能」と「子育て支援機能」，メゾレベルの「地域活動促進機能」，そしてマクロレベルの「子育て・子育ち支援体制づくり機能」の4つの機能に分類できる。

　第1の機能の「子育ち支援機能」は，さらに3つの機能に分けられる。①「遊びを通した子育ち支援機能」（子どもの主体性・自発性を尊重したさまざまの創造的体験活動，体力健康増進活動，児童文化活動，交流活動，中高生居場所づくりなど），②「子どもの生活安定を図る子育ち支援機能」（子どもの生活問題などの個別相談や集団的援助，放課後児童クラブの子どもの支援など），③「問題の早期発見・支援機能」（子ども虐待，不登校，障害児，子どもの貧困などの問題に対する個別相談や集団的援助，関係機関とのネットワークによる支援など）である。

行う「特定型」と，市町村保健センターなどで保健師などの専門職が妊娠期から子育て期まで切れ目のない支援を実施する「母子保健型」がある。

子どもの生活・学習支援事業（居場所づくり）
　放課後児童クラブ等の終了後に，ひとり親家庭の子どもに対し，悩み相談を行いつつ，基本的な生活習慣の習得支援・学習支援，食事の提供等を行い，ひとり親家庭の子どもの生活向上を図る自治体を支援するものである。

114　第6章　子どもの健全育成

　第2の機能は「子育て支援機能」である。子育て相談，子育て情報提供，子育てに関する講習会，乳幼児と母親のグループへの支援（乳幼児クラブ），放課後児童クラブによる共働き家庭支援，親同士の居場所づくりなどがある。

　第3の機能は「地域活動促進機能」である。母親クラブ・子ども会・ボランティアグループの育成，児童館運営委員会を組織化し，活性化すること，子ども家庭福祉関係機関施設・学校教育関係機関・保健医療機関などと連携しネットワークを形成することなどがあげられる。

　そして，第4の機能は「子育ち・子育て支援体制づくり機能」である。子育ち・子育て支援計画の開発，市の子育ち・子育て支援に関するネットワーク会議への参加，市の子育ち・子育て支援体制づくりへの関与などがあげられる。

2）児童館職員の役割

　児童厚生施設における遊びの指導は，「児童の自主性，社会性及び創造性を高め，もつて地域における健全育成活動の助長を図るようこれを行うものとする（児童福祉施設の設備及び運営に関する基準第39条）」と規定されている。児童の遊びを指導する者（通称：児童厚生員）は，遊びをとおした子育ち支援や子どもの生活の安定を図る子育ち支援機能のほか，子育て支援，地域活動促進活動，そして子育ち・子育て支援体制づくりが求められている。

　図6─1に示すように，児童館の職員はプレーワーカー，ケアワーカー，そしてソーシャルワーカーとしてさまざまな役割を担っている。これまで，児童館の職員は「児童の遊びを指導する者」としてプレーワーカーの役割が重視されてきた。また，児童館において放課後児童クラブが実施されていることから生活支援などのケアワークに重きがおかれてきた。しかし，今後は，幾種類もの実践理論やモデルと技術が使え，ミクロからマクロレベルの実践場面への移行がスムーズに行えるジェネラリスト・ソーシャルワーカー[3]であることが

ジェネラリスト・ソーシャルワーカー
　ソーシャルワークの統合化によってもたらされたソーシャルワークの体系。その特徴として，①従来からのケースワーク，グループワーク，コミュニティワークという方法にとらわれずに一体のものとしてソーシャルワークの方法を捉えること，②システム論や生態学的視座をソーシャルワークの共通基盤として明確化した

こと，③援助過程（アセスメント，プランニング，介入，評価等）を確立したことなどがあげられる。

期待される。

（2）児童遊園

　児童遊園は屋外型の児童厚生施設である。都市公園法施行令に規定された「街区公園*」と相互に補完的役割を有するものであり，主として幼児および小学校低学年を対象としている。標準的規模は330㎡以上で，広場，ブランコなどの遊具設備と便所，水飲み場などを設けることとされている。2017（平成29）年10月現在，設置数は2,380か所である。

2　放課後児童健全育成事業

　放課後児童健全育成事業とは，児童福祉法第6条の3第2項に基づき，保護者が労働等により昼間家庭にいない小学校に就学している児童に対し，授業の終了後に児童厚生施設などを利用して適切な遊びや生活の場を与えて，その健全育成を図る事業である。

　1997（平成9）年の児童福祉法の改正により，従前の「放課後児童対策事業」を改めて法制化され（第6条の2第6項），第二種社会福祉事業に位置づけられた。2007（平成19）年度からは，文部科学省と厚生労働省が連携し，放課後等に子どもたちの安全で健やかな居場所づくりを推進するために，総合的な放課後対策として「放課後子どもプラン*」が創設されたが，2014（平成26）年7月には「放課後子ども総合プラン*」が策定された。

　また，2012（平成24）年の子ども・子育て支援新制度の創設に伴い，放課後児童健全育成事業は子ども・子育て支援法第59条5号に規定する地域子ども・子育て支援事業の一つとして位置づけられ，同年8月の児童福祉法の一部改正により，厚生労働省が定める基準を踏まえ，市町村が条例を定めることになった。2014（平成26）年4月に放課後児童健全育成事業の設備及び運営に関する

街区公園
　1993（平成5）年6月の都市公園法の一部改正により，利用者を限定する規定と児童公園の名称が廃止され，児童を含み街区内に居住する者の利用に供することを目的とするいわゆる「街区公園」（敷地面積0.25ha，誘致距離250m）と改められた。

放課後子どもプラン
　市町村において，教育委員会が主導して，福祉部局と連携を図り，原則として，すべての小学校区で，「放課後子ども教室推進事業（「放課後子ども教室」，文部科学省）と「放課後児童健全育成事業」（「放課後児童クラブ」，厚生労働省）を一体的あるいは連携して実施する総合的な放課後対策である。

基準（平成26年厚生労働省令第63号，2015（平成27）年4月1日より施行，以下「基準」という）が公布され，児童の集団の規模は，おおむね40人以下までとされ，2名以上の放課後児童支援員＊（うち，1人を除き，補助員の代替可）を配置することになった。2015（平成27）年5月には放課後児童健全育成事業実施要綱（厚生労働省均等雇用・児童家庭局長通知「『放課後児童健全育成事業』の実施について」，雇児発0521第8号）も通知された（2017（平成29）年4月3日第二次改正）。

一方，2007（平成19）年10月に「放課後児童クラブガイドライン」が策定されたが，放課後児童クラブには，対象の子どもの高学年への拡大，職員の質の確保，障害のある子どもの受け入れ体制の充実，近年の状況変化等から改めて考慮すべき課題も多く，新たな運営指針の策定が必要とされた。そこで，2015（平成27）年3月に，「放課後児童クラブガイドライン」を見直し，国として運営および設備に関するより具体的な内容を定めた「放課後児童クラブ運営指針＊」（「『放課後児童クラブ運営指針』の策定について」（雇児発0331第34号）の別紙）が策定され，公布され，同年4月から施行されている。

放課後児童クラブの設置数の増加は著しく，登録児童数も大幅に増加している。2018（平成30）年5月現在の放課後児童健全育成事業（放課後児童クラブ）の登録児童は1,234,366人（クラブ数25,328か所）である。しかし，利用できなかった子ども（待機児童）も増加しており，17,279人となっている。

3 地域組織活動

地域における子どもを健全に育成することを目的として，地域組織活動が展開されている。それには地域子ども会などの子どもの集団活動を育成するものや，母親クラブ，親の会など親による育成活動，住民が主体になって運営する

放課後子ども総合プラン

厚生労働省と文部科学省が連携して策定された。2015（平成27）年度から2019年度末を達成年度する。共働き家庭等の「小1の壁」を打破するとともに，次代を担う人材を育成するために，すべての就学児童が放課後等を安全・安心に過ごし，多様な体験・活動を行うことができるよう，一体型を中心とした放課後児童クラブおよび放課後子供教室の計画的な整備等を進めることを目的としている。2019年度末までに放課後児童クラブについては，約30万人分を新たに整備すること，新規開設分の約80％を小学校で実施すること，全小学校（約2万か所）で放課後児童クラブと放課後子供教室を一体的にまたは連携して実施し，うち1万か所以上を一体型で実施することをめざしている。

冒険遊び場*（プレーパーク），VYS*など青年ボランティア組織がある。子どもの健全育成のためには，これらの地域住民の積極的な参加による組織的活動が必要である。

（1）母親クラブ

　母親クラブとは，子どもたちの健全育成を願い，児童館などを拠点として地域ぐるみでボランティア活動を行う組織である。全国各地の3,300か所あまりのクラブに合計17〜18万人が参加しており，全国組織「みらい子育てネット」（全国地域活動連絡協議会）や都道府県ごとの連絡協議会のもとにネットワーク化されている。1973（昭和48）年から，児童館と連携をもち，子どもの事故防止活動，家庭養育などに関する知識や技術についての研修活動を行う母親クラブに対して助成が行われている。また，1999（平成11）年度からは，地域組織が日曜日・祝日に閉館している児童館を利用して子どもの居場所を提供し，親子行事などの活動を行う児童館日曜等開館活動についても国庫補助がなされている。

（2）冒険遊び場（プレーパーク）

　冒険遊び場[4]は，住民（NPOなど）が主体となり，自治体などと連携して設置し，運営している子どもの遊び場である。1970（昭和45）年代の半ば，遊び場が急激に減少し，変化する中で危機感を感じた世田谷区の大村虔一・璋子夫妻が，地域住民に呼びかけ，ボランティア団体「あそぼう会」を立ち上げ，地域住民による空き地を借用して冒険遊び場を始めたのが，日本における冒険遊び場の始まりといわれている。

　1979（昭和54）年に行政（世田谷区）と市民による協働運営で，世田谷区の国際児童記念事業として，日本初の常設の冒険遊び場「羽根木プレーパーク」が誕生した。その後，冒険遊び場づくり活動は全国各地に広がり，NPO法人

放課後児童支援員

　放課後児童支援員は，保育士，社会福祉士等（「児童の遊びを指導する者」の職員の資格を基本）であって，都道府県知事が行う研修を修了した者とされた。「設備運営基準」の規定に基づき，放課後児童支援員の研修カリキュラムが定められ，2015（平成27）年度から放課後児童支援員認定資格研修が開始されている。

放課後児童クラブ運営指針

　全7章の構成で，放課後児童クラブにおける育成支援の内容や運営に関する留意すべき事項などを網羅的に記載し，運営していく上での基本的な事項をまとめている。放課後児童クラブは，この運営指針を踏まえ，それぞれの実態に応じて創意工夫を図り，質の向上と機能の充実に努めていくこととされている。

日本冒険遊び場づくり協会の調査によると，全国に2013（平成25）年度現在で約400団体が活動を行っている。

4 児童文化の普及

社会保障審議会および都道府県児童福祉審議会は児童福祉法第8条第7項の規定により，子どもの福祉の向上を図るために，芸能，出版物等の推薦を行い，逆にそれらの製作者や興行者に対して必要な勧告を行う権限が与えられている。また，子どもの健全育成に有害なテレビ番組や出版物などについては，まず，関係業界において自主規制を徹底させ，子どもの健全育成への努力が求められるが，民間レベルでも全国地域活動連絡協議会が，「児童に影響を与えるテレビ等からの有害情報モニター事業」を発足させ，テレビの有害番組や不良出版物など，子どもに与えたくない情報について，常時，監視・点検し，定期的に結果を公表している。さらに，社会保障審議会において推薦された児童文化財*の中から，優れた映画，児童劇を児童館において上映，上演し子どもの健全育成を図るために，「児童劇巡回事業」や「子ども映画祭」が，財団法人児童健全育成推進財団に委託され，実施されている。

5 子どもの健全育成の今後の課題

子どもの生活環境や親の養育意識等の変化に対応し，今後の子どもの健全育成活動を展開するために，児童館などの職員は次の課題に取り組む必要がある[1)2)5)6)]。

第1の課題は，子どもの健全育成の目標の見直しである。子どもの健全育成の目標を，健康，創造的知性を伸ばすことに加えて，高齢者や外国人との心のふれあい，他者への共感など，精神的豊かさを備えた人間に育成することが重

冒険遊び場

冒険遊び場づくりで大切にされていることは，①子どもの生活圏にあること，②いつでも遊べること，③だれでも遊べること，④自然素材が豊かな野外環境であること，⑤つくりかえることができる手づくりの要素があることである。また，冒険遊び場の運営については，①住民によって運営すること，②住民と行政のパートナーシップを築くこと，③専門職のプレーリーダーがいることである。子どもの自由な遊びを保障するために，このような子どもの遊びの環境づくりが行われている。（NPO法人日本冒険遊び場づくり協会：私たちが大切にしたい遊びについて，同ホームページ）

要である。児童館などの職員は，子どもが本来もっている生きる力を信頼し，それぞれの思いを聴いて共感的に理解し，ありのままの存在を受け入れ，寄り添い，いつも一緒に困難な状況を解決しようとすること，すなわち，エンパワメントをめざす実践が求められる。

第2の課題は，子どもの健全育成活動の対象の拡大と多様性を重視することである。従来の幼少の子どもに加え，思春期の子ども（年長児童）への対応や，子ども虐待，不登校，障害児，子どもの貧困などの困難を抱えた子どもの早期発見・支援が求められる。

第3の課題は，子どもの健全育成をめざす活動の連携・協働である。地域の子どもやその家族のニーズに対応するためには，彼らを地域から排除するのではなく，まるごと地域で抱え込むことのできる多機能型の「包摂的地域子ども支援センター」[6]とでも呼ぶべき拠点を中心とした子育ち・子育て支援システムを構築し，多様性を尊重した切れ目ない継続的な支援が求められている。児童館などの職員は，教育機関，児童福祉施設，警察，子育てに関わるボランティア団体・NPO法人，商店街，地域団体，行政，企業などとの子育ち・子育て支援ネットワークを形成し，連携・協働することも重要である。

第4の課題としては，子どもの健全育成活動の見直しや，困難な課題を抱えた子どもの早期発見・支援を行うことができる専門職員の資質の向上のための資格制度を検討することも課題となってくる。子どもの健全育成に関わる専門職員は，子どもの全面的発達保障と遊びの体験を重視するプレーワーク，放課後児童クラブなど生活支援を行うケアワーク，そして子どもや子育て家庭の相談援助や地域支援を行うジェネラリスト・ソーシャルワークの専門的な知識・技術が求められている。また，このような専門性を備えた人材養成のための教育プログラムの開発も必要である。

VYS

Voluntary Youth Social Workerの頭文字をとったもので，和名を「有志青年社会事業家」という。VYS活動は1952（昭和27）年に愛媛県において誕生し，その後全国的に広がった。県支部は，愛媛，岐阜，山梨，長野，東京，新潟，群馬等にある。

児童文化財の推薦

1951（昭和26）年より，中央児童福祉審議会に文化財部会を設け，優れた児童向け文化財が推薦されてきたが，1998（平成10）年度までの推薦数は実に1万2000点を数えており，毎年「中央児童福祉審議会推薦文化財目録」に掲載されてきた。2001（平成13）年の省庁再編に伴い，現在は「厚生労働省社会保障審議会推薦児

■引用・参考文献

1）八重樫牧子：児童館の子育ち・子育て支援―児童館施策の動向と実践評価―，相川書房，2012

2）児童手当制度研究会監修：児童健全育成ハンドブック平成19年版，中央法規出版，pp.1-4，pp.8-10，2007

3）渡部律子：「ジェネラリスト・ソーシャルワークとは何か（ソーシャルワーク研究所第3回公開シンポジウム　日本の社会福祉実践とジェネラリスト・ソーシャルワーク　基調講演）」，ソーシャル研究，28（2），pp.5-16，2002

4）NPO法人日本冒険遊び場づくり協会：私たちが大切にしたい遊びについて，http://bouken-asobiba.org/.

5）八重樫牧子：「児童健全育成における児童・家庭福祉サービス」，平戸ルリ子編：児童や家庭に対する支援と児童・家庭福祉制度［第3版］―児童・家庭福祉制度　児童・家庭福祉サービス，弘文堂，pp.165-166，2017

6）八重樫牧子：「子どもの貧困と『子育ち』支援―釜ヶ崎の「こどもの里」（無認可児童館）の歴史と実践を支える理念―」，安川悦子，髙月教惠編著：子どもの養育の社会化―パラダイム・チェンジのために―，御茶の水書房，pp.63-90，2014

7）山縣文治・柏女霊峰：社会福祉用語辞典第9版，ミネルヴァ書房，2013

童福祉文化財」として，児童館をはじめとする社会福祉施設や母親クラブ，都道府県や教育委員会等の関係団体や各種機関に公表されている。

第7章

子ども虐待と福祉

第1節　子ども虐待の概要

1 子ども虐待とは何か

　欧米における子ども虐待への関心は，1962年にアメリカの小児科医ケンプ（Kempe, H.）らが発表した論文「Battered Child Syndrome：被殴打児症候群」によって高まり，一般家庭でも起こりうる問題であると認識された1970年代半ばには，法的整備などが進められた。一方，わが国では，懲戒権*の濫用をしつけとして許容する風潮もあり，社会問題として認識されてこなかった。児童相談所における児童虐待相談処理件数の全国的統計調査が初めて実施されたのは，1990（平成2）年度になってからである。

　相談処理件数は，初年度の1,101件から増加し続け，1999（平成11）年には1万件を突破し，2018（平成30，速報値）年には15万件を突破した（図7-1）。

　国は，2000（平成12）年に，子ども虐待の増加と深刻化に対応するため，児童虐待の防止等に関する法律（以下，児童虐待防止法）を制定した。同法の第2条には，「児童虐待」が次のように定義されている。

　①児童の身体に外傷が生じ，又は生じるおそれのある暴行を加えること（身体的虐待）。

懲戒権

　民法第822条には，「親権を行う者は，必要な範囲内で自らその子を懲戒」することができるとある。現在では，児童虐待防止法の虐待の定義に相当する行為を行った場合には，「懲戒」とはみなされない。

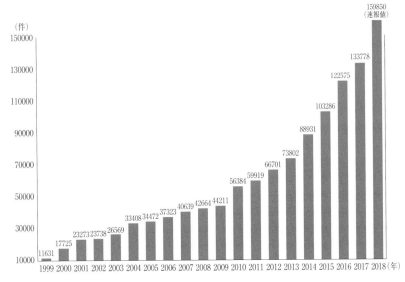

図7―1　児童虐待相談件数の推移

(資料)　令和元年度全国児童福祉主管課長・児童相談所長会議資料，2019から作成

②児童にわいせつな行為をすること又は児童をしてわいせつな行為をさせること（性的虐待）。

③児童の心身の正常な発達を妨げるような著しい減食又は長時間の放置，保護者以外の同居人による虐待行為と同様の行為の放置その他の保護者としての監護を著しく怠ること（ネグレクト）。

④児童に対する著しい暴言又は著しく拒絶的な対応，児童が同居する家庭における配偶者に対する暴力その他の児童に著しい心理的外傷を与える言動を行うこと（心理的虐待）。

厚生労働省は，さらに詳しく，①を「殴る，蹴る，投げ落とす，激しく揺さ

ぶる，やけどを負わせる，溺れさせる，首を絞める，縄などにより一室に拘束する」，②を「子どもへの性的行為，性的行為を見せる，性器を触るまたは触らせる，ポルノグラフィの被写体にする」，③を「家に閉じ込める，食事を与えない，ひどく不潔にする，自動車の中に放置する，重い病気になっても病院に連れていかないなど」，④を「言葉による脅し，無視，きょうだい間での差別的扱い，子どもの目の前で家族に対して暴力を振るうなど」と解説している。

2 子ども虐待の傾向と死亡事例の分析

2017（平成29）年度の児童虐待相談の主な虐待者（図7－2）では，実母が，全体の46.9％を占め，実父（40.7％），実父以外の父親（6.1％）と続く。2011（平成23）年度に比べると，実父の割合が増加している。

児童相談所における児童虐待相談の内容別件数の推移をみると，心理的虐待の増加が著しい（表7－1）。2006（平成18）年に6,414件で17.2％であったも

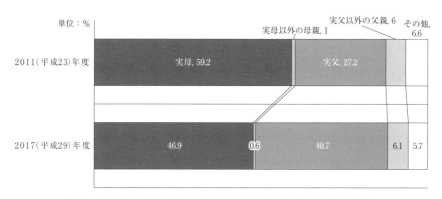

図7－2　児童虐待相談における主な虐待者別構成割合の推移

（資料）平成29年度福祉行政報告例の概況，2018から作成

124　第7章　子ども虐待と福祉

表7―1　児童相談所における虐待相談の内容別件数の推移

	身体的虐待	ネグレクト	心理的虐待	性的虐待
2006（平成18）年度	15,364	14,365	6,414	1,180
2016（平成28）年度	31,927	25,842	63,187	1,622
2018（平成30）年度〈速報値〉	40,256	29,474	88,389	1,731

（資料）令和元年度全国児童福祉主管課長・児童相談所長会議資料，2019から作成

のが，2018（平成30）年には，約10倍増の88,389件で55.3％を占めるまでに
なっている。同時期に，身体的虐待が約2.5倍増，ネグレクトが約2倍増であ
るのと大きく異なっている。その要因には，警察から児童相談所への通告が増
加していることがあげられる。

　警察からの通告数は，2007（平成19）年度には4,048件（10％）であった
が，2018（平成30）年度には79,150件（50％，速報値）にまで増加した（図7
―3）。これは，面前DV*が心理的虐待にあたるとの認識が進み，警察職員
が，当該家庭に子どもがいる場合に虐待通告するケースが増えたこと，さら
に，2016年4月に，警察庁が，虐待通告を確実に行うよう全国に通達を出した
ことが影響したと考えられる。

　また，「子ども虐待による死亡事例等の検証結果等について」（第15次報告）
によると，2017（平成29）年度の子ども虐待による死亡事例が58例（65人）あ
り，そのうち，心中以外の虐待死が50例（52人）あることが報告されている
（図7―4）。心中以外の虐待死の年齢では，0歳が28人（53.8％）と最も多
く，特に月齢0か月児が14人（50.0％）と高い割合を占めた。

　主たる加害者は，実母が25人（48.1％）と最も多く，「実母と実父」の6人
（9.6％）を加えると，約60％において実母が主たる加害者となっている。ま
た，実母が抱える問題（複数回答可）は，「予期しない妊娠／計画していない

面前DV
　児童が，「同居する家庭における配偶者に対
する暴力」（DV）を目撃することであり，心
理的虐待の1つと定義されている。2016（平成
28）年度に，全国の警察が対応したDV相談の
うち，加害者の85％は男性である。児童虐待相
談の主な虐待者における割合で，実父が増加し
ている要因の1つであろう。

第1節　子ども虐待の概要　125

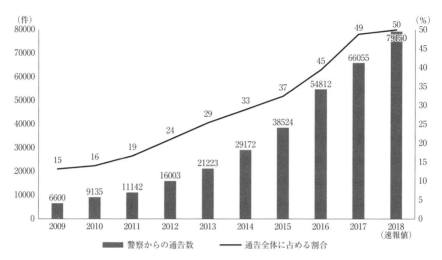

図7—3　警察から児童相談所への通告数と全体に占める割合の年次推移

（資料）令和元年度全国児童福祉主管課長・児童相談所長会議資料，2019から作成

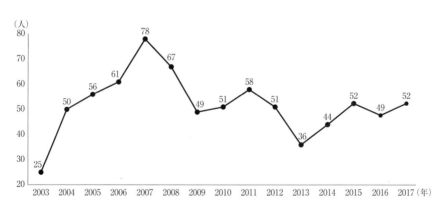

図7—4　子ども虐待による死亡数の年次推移（心中以外，人数）

（資料）社会保障審議会児童部会児童虐待等要保護事例の検証に関する専門委員会，2019より作成
（注）2003年は6か月間，2007年は1年3か月間の調査結果

126   第7章　子ども虐待と福祉

妊娠」が16人（30.8%）と最も多く，「妊婦健診未受診」16人（30.8%）など
妊娠中から問題を抱えているケースが多い。また，健康診査の未受診，養育能
力*の低さなど，出産後の問題も明らかとなっている。

第2節　子ども虐待問題の施策

1　子ども虐待の発見と通告

　児童虐待防止法では，学校，児童福祉施設，病院その他児童の福祉に業務上
関係のある団体やその職員，医師，保健師，弁護士などは，児童虐待を発見し
やすい立場にあることを自覚し，児童虐待の早期発見に努めなければならな
い，と規定されている（第5条）。

　また，すべての国民に対する義務として，「児童虐待を受けたと思われる児
童を発見した者」は，①市町村，②都道府県の設置する福祉事務所，③児童相
談所のいずれかに通告しなければならない，と定めている（同法第6条）。

　2000（平成12）年の法創設時，第6条は，「児童虐待を受けた」児童を通告
の要件としていたが，児童虐待の確証の有無にかかわらず通告を促すた
め，2004（平成16）年の改正時に「受けたと思われる」児童にまで通告の範囲
を拡大した。また，守秘義務よりも，通告義務が優先されることが明記され
た。

養育能力
　ここでは，授乳や食事，保清，情緒的な要求
への応答，子どもの体調変化の把握，安全への
配慮などを指している。

2 児童虐待防止法による虐待通告への対応

　通告を受けたとき，児童相談所は，原則として48時間以内に，関係者等から必要な情報を収集し，面会などによって児童の安全確認を行わなければならない。しかし，保護者等が任意調査を拒否する場合，都道府県は，保護者に対し，児童を同伴して出頭することを求めることができる（出頭要求：第8条の2）。さらに，緊急に児童の安全確認を行う必要がある場合には，住居等に立ち入って，必要な調査または質問をすることができる（立入調査：第9条）。保護者が正当な理由なく調査や立入りを拒否，妨害した場合には，再度の出頭要求を行うことができる（再出頭要求：第9条の2）。また，裁判所の発する許可状により，児童の住所もしくは居所に臨検（強制立ち入り調査)*し，児童の捜索を行うことができる（臨検・捜索：第9条の3）。ただし，原則として，臨検・捜索は日没から日の出までの夜間に実施してはならない（第9条の4）。

　さらに，必要があると認められる場合には，児童の一時保護を行うことができる（第8条第2項）。一時保護を行う場所は，児童相談所のほか，児童相談所が委託を行う機関（児童福祉施設や里親）であり，保護期間*は原則2か月を超えてはならない。

　一時保護や施設入所，里親委託中の児童が，保護者との面会や電話・文書等による通信を行うことで恐怖や不安等を感じたりしないよう，面会や通信を制限することができる（面会・通信の制限*：第12条）。また，都道府県知事または児童相談所長は，児童の保護者に対し，児童へのつきまとい，居所や学校等の周辺のはいかいを禁止する命令を出すことができる（接近禁止命令*：第12条の4）。

臨検
　児童虐待防止法では，都道府県知事が出頭要請を行う場合には，保護者と児童の氏名を書面で告知しなければならないと定めている。そのため，氏名不詳の場合には，出頭要求やそれに続く臨検が行えず，虐待死亡事件が発生した。そこで，2010（平成22）年8月に厚生労働省は，調査を尽くしても氏名不詳であって，児童虐待が行われているおそれがあるときには，氏名不詳のまま出頭要求や臨検も可能だとする通知を出して，保護の徹底を求めた。

保護期間
　2017（平成29）年の児童福祉法改正により，2018（平成30）年から，親権者が反対する一時保護が2か月を超える場合は，家庭裁判所

③ 児童虐待防止法の改正による対応の強化

　児童虐待防止法は，虐待対応強化のため，これまで3度改正されている。

　2004（平成16）年は，①児童虐待の定義の見直し，②通告範囲の拡大，③通告先に市町村を追加，などが行われた。2007（平成19）年は，①立入調査等の強化（臨検・捜索の新設等），②面会・通信の制限の強化，接近禁止命令の新設，③保護者に対する指導に従わない場合の措置の明確化が行われた。

　2016（平成28）年の改正では，次の4点が主に改正された。

　①臨検・捜索の簡略化：臨検・捜索は，児童の安全確認・確保の最終手段であるが，再出頭要求を経なければ実施できず，2008（平成20）年の創設から7年間で合計8件しか実施されなかった（同時期の立入調査は593件）。そこで，再出頭要求を経ずとも，裁判所の許可状があれば，臨検・捜索を行えるようにした。②市町村への事案送致：市町村から児童相談所にだけ可能であった事案の送致を，児童相談所から市町村にも可能にした。

　③民間からの資料提供：児童相談所や市町村が，民間の医療機関や児童福祉施設（保育所や児童館等），学校等に資料の提供を求めても，個人情報保護などを理由に拒まれることもあったが，情報収集のための資料の提供を可能にした。④懲戒権に追加：しつけを名目とした児童虐待が後を絶たないことから，児童虐待防止法第14条に，「児童の親権を行う者は，児童のしつけに際して，（中略）監護及び教育に必要な範囲を超えて当該児童を懲戒してはならず，当該児童の親権の適切な行使に配慮しなければならない」（下線部が追加部分）と明記した。

の承認を得なければならない（児童福祉法第33条第5項）。

面会・通信の制限
　児童福祉法第28条による強制的な施設入所等の措置のみが対象であったが，2007（平成19）年の児童虐待防止法改正によって，一時保護や同意による施設入所の間も可能になった。

接近禁止命令
　2007（平成19）年の児童虐待防止法改正によって新設された。強制的な施設入所等の措置のみが対象であったが，2017（平成29）年の児童虐待防止法改正（2018（平成30）年施行）で，通信・面会の制限と同様に一時保護や同意による施設入所の間も可能になった。

4 2016年の児童福祉法の改正による対応の強化

　2016（平成28）年の児童虐待防止法の改正に合わせて，児童福祉法も，①児童福祉法の理念の明確化，②児童虐待の発生予防，③児童虐待発生時の迅速・的確な対応，④被虐待児への自立支援などの大規模な改正が行われた。

　これまで，市町村の保健担当（保健課など）や児童福祉担当（子ども支援課など）は，自治体内では連携しながらも，個別の対応となっていた。そこで，母子保健法における母子健康包括支援センターを「子育て世代包括支援センター」（以下，センター）として法定化し，乳児家庭全戸訪問事業や1歳6か月児健診など，妊娠期から子育て期にわたる総合的相談や支援をワンストップで実施することとした。さらに，センターは，保健所などの公的機関や，NPO法人や保育所，医療機関，学校など民間機関との連絡調整を行いながら，切れ目ない支援をめざしている。ガイドラインでは，センターの保健師等が，すべての妊産婦等の状況を継続的に把握し，必要に応じて支援対象者の意見を反映させた「支援プラン」を策定することが求められている。

　また，支援を要する妊婦等に関する情報提供を求め，妊娠期からのリスクを把握し，市町村を通じて支援につなぐことをめざしている。虐待による死亡事例（2003～2014年）のうち，44％が0歳児であり，さらに0日児は16.8％（このうち望まない妊娠は70.4％）を占めるため，母子保健対策を通じた妊産婦対策は，子ども虐待死の防止・早期発見には特に重要な役割を果たしている。

　もうひとつ，児童虐待発生時の迅速・的確な対応は，①児童相談所の体制の強化，②司法関与の強化によって行うこととしている。

　①児童相談所の体制強化は，児童福祉司（スーパーバイザーを含む）の研修義務化と，弁護士の配置，児童相談所職員の増員によって行う。弁護士の配置

は，法的対応が複雑で難しいケースが増加していることから，専門的な知識・経験を要する業務（親に対する親権の説明や施設入所等）を迅速かつ適切に行うための措置である。しかし，弁護士の確保は難しいため，実質的に弁護士を配置しているのと同等の状況を「準ずる措置」として認めている。2017（平成29）年4月現在で，弁護士を常勤雇用している児童相談所は福岡市をはじめ6か所で，非常勤職員として配置しているところは82か所となっている。さらに，専門職の配置を促進するため，2019年度までに，児童福祉司を3,480人（550人増）とする「児童相談所強化プラン」が策定されている。

②司法関与の強化は，児童福祉法の改正により，児童相談所等から，児童福祉法第28条による強制的な施設入所の申し立てがあった場合，家庭裁判所が都道府県等に対して保護者指導を勧告することができる。わが国も批准している子どもの権利条約では，父母との分離には司法の審査が必要と明記されており，これまで整備されてこなかった司法関与の強化が，ようやくスタートした。

いずれにせよ，現行の児童相談所，司法，警察の体制は，子ども虐待の防止・早期発見，人権保障には不十分であり，早急な改善が求められる。

■参考文献

1）才村純他：「児童相談所における児童虐待防止制度改正後の運用実態の把握・課題整理及びあり方に関する調査研究」（主任研究者：才村純），平成18年度児童関連サービス調査研究等事業報告書，財団法人こども未来財団，2007
2）「平成28年におけるストーカー事案及び配偶者からの暴力事案等への対応状況について」，生活安全局生活安全企画課　刑事局捜査第一課，2017
3）藤林武史編著：児童相談所改革と協働の道のり　子どもの権利を中心とした福岡市モデル，明石書店，2017

第8章

ひとり親家庭の福祉

第1節　ひとり親家庭とは

　ひとり親家庭とは，母子家庭と父子家庭のことである。従来は，父または母のいずれかが欠けた家庭は正常ではないことを前提として，「欠損家庭」あるいは「片親家庭」と呼ばれていた。しかし，「欠損家庭」や「片親家庭」という呼び方はスティグマ*となる危険性もあるので必ずしも妥当でない。また，父子家庭の増加と男女平等思想の定着は，母子家庭だけではなく父子家庭をも対象にした呼び方が必要になってきた。

　最近，母子家庭と父子家庭を「単親家庭」あるは「ひとり親家庭」という呼び方が一般化し，厚生労働省の全国ひとり親世帯等調査*でも用いられている。ひとり親家庭とは「母親または父親と20歳未満の児童からなる家庭」をいう。

第2節　ひとり親家庭の現状

1　母子家庭の現状

　母子家庭とは，母と満20歳未満の未婚の子からなる家庭をいう。2015（平成27）年の国勢調査によれば，母子世帯数（他の世帯員がいる世帯を含む）は

スティグマ

　スティグマとは，他の人とは異なる属性，それも好ましくない属性，欠点，短所，ハンディキャップで人の信頼を失わせる属性をいう。社会福祉において，スティグマの概念は，利用者に受給をためらわせる道具として積極的に用いられた。しかし，社会福祉の利用者にスティグマを課す政策は，人間性に背き，社会福祉の究

極の目的を達することができない。社会福祉の歴史は，スティグマの克服の歴史であるともいえる。

全国ひとり親世帯等調査

　全国の母子世帯，父子世帯，父母のいない児童のいる世帯および寡婦の生活の実態を把握し，これらの母子世帯等に対する福祉対策の充

132 第8章 ひとり親家庭の福祉

106万3,000世帯と推定されており，全世帯数に占める母子世帯の割合は約1.4％である。また，母子世帯になった原因は，まだ戦争の影響が色濃い1952（昭和27）年では死別が85.1％と大半を占めていた。その後，死別の割合は減少し，生別の割合の増加が続き，2016（平成28）年には死別母子世帯が8.0％，生別母子世帯が91.1％となっている。また，離婚によるものが全体の79.5％を占めている（平成28年度全国ひとり親世帯等調査）。生別母子世帯の増加は，離婚件数の増加と，離婚時に母親が親権者となる場合が多いことによる。

　経済状況では，一般世帯と母子世帯との収入格差は大きい。2016（平成28）年の子どものいる世帯の年間収入は707万8,000円であるのに対して，母子世帯では348万円に過ぎない（49.2％）。母子家庭の81.8％が就業しているが，派遣社員・パートの割合が高く（48.4％），常時雇用されている者であっても，小規模事業所に就労している者が多い。母子家庭全体の持ち家率は35.0％であるが，死別母子世帯（58.8％）と生別母子世帯（32.9％）とでは差がある。その他，母子家庭では，相談相手がいない者が20.0％おり，そのうち60.2％が相談相手を欲しいとしている。また，養育費の取り決めをしている者は42.9％（平均月額は4万3,707円）で，現在養育費を受けている者は24.3％に過ぎない。

　このように，母子家庭は一般的に低所得家庭が多く，経済的支援，住宅支援，就労や子育て支援などの問題を抱え，子どもの貧困*の主な原因となっている。

2 寡婦の現状

　寡婦とは，「配偶者のない女子であつて，かつて配偶者のない女子として20歳未満の児童を扶養していた者」をいう。具体的には，夫と死別または生別し

実を図るための基礎資料を得ることを目的として，厚生労働省子ども家庭局が実施する調査。調査は，原則として5年に1回であるが，最近では，2011（平成23）年度と2016（平成28）年度に実施されている。

子どもの貧困率
　子ども（17歳以下）全体に占める，等価可処

分所得が貧困線に満たない子どもの割合をいう。ここで貧困線とは，世帯の可処分所得（いわゆる手取り収入）を世帯人員の平方根で割って調整した所得（＝等価可処分所得）の中央値の半分の額をいう。2012（平成24）年の貧困率は16.3％と先進諸国中でも下位であった。なお，2015（平成27）年は13.9％と改善したが，ひとり親家庭の貧困率は50.8％となっている。

再婚しないでいる女性のことである。2013（平成25）年，大分県のひとり親家庭実態調査では，寡婦世帯はひとり暮らしの者がほとんどである。経済面では預金や年金が少なく，頼れる子どももなく，孤独感が強く，将来への不安を抱く人が多くなっていた。寡婦になった原因は，死別が54.9%（2003（平成15）年調査）である。

3 父子家庭の現状

2015（平成27）年の国勢調査では，父子世帯（他の世帯員がいる世帯を含む）は約9万世帯（全世帯の約0.3%）である。父子世帯になった理由は死別が19.0%，離婚が80.0%である。父の85.4%が就労しており世帯収入は573万円で，子どものいる世帯の707.8万円には及ばないが，母子世帯の348万円より多い。父子家庭は母子家庭に比べると経済的な問題が少ないものの，相談相手のいない者が44.3%いるなど家事や養育など生活支援の問題を多く抱えている。

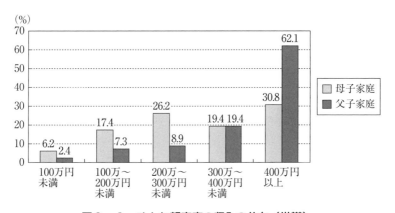

図8－1　ひとり親家庭の収入の分布（世帯）

注1）母子世帯の平均は348万円，中央値は300万円。
注2）父子世帯の平均は，573万円，中央値は450万円。
（出典）平成28年度全国ひとり親世帯等調査結果報告をもとに改変

第3節　母子・父子・寡婦家庭の福祉施策

1　施策の概要

　戦後の母子家庭と寡婦家庭などへの福祉サービスは，1953（昭和28）年に戦争犠牲者の家庭の援助として制定された「母子福祉資金の貸付等に関する法律」に始まる。その後，1959（昭和34）年の母子年金や母子福祉年金を含む「国民年金法」，1961（昭和36）年の「児童扶養手当法」，1964（昭和39）年の「母子福祉法」等の制定後，1981（昭和56）年には「母子及び寡婦福祉法」と改め，対象に寡婦も加えた。これは，母子家庭の母であった者が，子どもが成人した後も福祉サービスを受けられるようにするためである。

　2002（平成14）年には，母子家庭等自立支援大綱により総合的な支援策が策定され，法改正で，母子家庭等*と改称され，父子家庭も対象に加えられ，児童扶養手当の支給が行われている。

　2013（平成25）年には，「母子家庭の母及び父子家庭の父の就業の支援に関する特別措置法」が施行された。さらに，2014（平成26）年には「母子及び父子並びに寡婦福祉法」に改められた。

2　母子・父子・寡婦家庭の福祉サービス

　母子・父子・寡婦家庭の福祉サービスは，経済的支援，住宅支援，雇用・就労支援，子の養育・生活支援，総合相談等がある。

　夫と死別した母子家庭には，遺族基礎年金や遺族厚生年金の給付，夫と生別した母子家庭には，児童扶養手当の給付等の所得保障が図られ，近年父子家庭

母子家庭等

　母子及び父子並びに寡婦福祉法では，「母子家庭等」とは，母子家庭及び父子家庭をいうとされる（法第6条第5項）。ただし，全国ひとり親世帯等調査では，養育者（祖父母等）に養育されている世帯（養育者世帯）を含んでいる。

第3節　母子・父子・寡婦家庭の福祉施策　*135*

も同様とされている。

　その他の母子家庭・父子家庭に対する福祉サービスには，保育所への優先入所・ショートステイ事業・トワイライトステイ事業・家庭訪問支援事業などの子育て短期支援事業がある。また，経済的支援では，税制上の優遇措置（所得税・住民税の寡婦・寡夫控除）等がある。

　表8－1は，母子家庭等の自立のための施策（サービス）である。

表8－1　母子家庭等に対する主な（自立支援）施策等

施策の主な性格	施　策　等	対　　象
経済的保障・支援	児童扶養手当の支給	母子家庭・父子家庭
	遺族基礎年金の支給	死別母子家庭・父子家庭
	遺族厚生年金の支給	死別母子家庭・父子家庭，寡婦
	母子福祉資金・父子福祉資金・寡婦福祉資金の貸付	母子家庭・父子家庭・寡婦
	所得控除（所得税・住民税）	寡婦・寡夫
	利子非課税税制（郵便貯金）	母子家庭
住宅支援	公営住宅の優先入居	母子家庭・父子家庭等
雇用・就労支援	公共施設内での売店の設置	母子家庭・寡婦
	製造たばこの小売販売業の許可	母子家庭・寡婦
	母子家庭等就業・自立支援事業	母子家庭・父子家庭・寡婦
	自立支援教育訓練給付金事業	母子家庭・父子家庭
	高等技能訓練促進費事業	母子家庭・父子家庭
子の養育・生活支援	保育所の優先入所	母子家庭・父子家庭
	母子家庭等日常生活支援事業	母子家庭・父子家庭・寡婦
	ひとり親家庭生活支援事業	母子家庭・父子家庭・寡婦
	子育て短期支援事業	母子家庭・父子家庭
総合相談	母子・父子自立支援員（福祉事務所）	母子家庭・父子家庭・寡婦
	養育費相談支援センター	母子家庭等

（注）その他関連する施設等として，母子生活支援施設（旧母子寮）・母子福祉センター・母子休養ホームなどがある。

児童扶養手当の支給額（月額）は最大で，2018（平成30）年8月現在，児童1人に42,500円，2人目は10,040円加算となり，3人目以降は1人に月6,020円加算となっている（所得に応じて減額される。また，「物価スライド制」が導入されており，年度ごとに支給額の変動がある）。

第4節　母子生活支援施設での援助事例

1　母子生活支援施設とは

母子及び父子並びに寡婦福祉法上の施設としては，母子・父子福祉センターや母子・父子休養ホームがある。母子生活支援施設は児童福祉法上の施設である。

母子生活支援施設の目的および対象者は表3—4（p.81）を参照のこと。現在では，退所後の利用者の生活支援や，ドメスティック・バイオレンス（DV）被害を含む母子家庭の総合的な自立支援を行っている。厚生労働省「平成27年社会福祉施設等調査報告」によると，全国に235の母子生活支援施設があり，4,830世帯（定員），8,902人が利用している。

2　母子生活支援施設での援助事例

【事例の概要】

母親は，長女（小学4年生）と一緒に，他県から夫の暴力を逃れるため，母子生活支援施設に入所した。母親は入所2年目で，統合失調症となり，現在も月に1度の割合で診療内科を受診している。

【母親の状況】

　心療内科の医師には，仕事はまだできないといわれ，生活保護を受給している。病院への通院は施設の職員が同行し，服薬管理も職員が行っている。母親はストレスを感じると，ガクガク震えだし，職員は夜中に病院へ付き添って行くことも多い。生活面では，無気力になることが多く，毎日服を着替えることができなかったり，日中もよく寝ていることがあるので，職員がその都度，声かけをしている。母親は長女に対しては，話を聞いても上手に受け答えすることができず，無理な要求に応じてしまうことが多い。

【長女の状況】

　「友達から無視されている」など学校の交友関係を理由に，小学校を休みがちである。休んでいる日は，1日中ゲームやマンガを読んでいることが多く，登校が確認できないときは，職員が毎朝自室へ様子を見に行っている。

【施設での援助】

　母親が寝ていると，「1日中寝ていないで，起きているように」などと長女からいわれるために，母親は長女と一緒にいるとストレスを感じる。また，母親の生活は1日中寝ているなど生活のリズムが乱れている。そこで，施設では，母親にデイケアの利用を勧めた。デイケアでは，利用者同士の人間関係に悩むこともあるが，手芸を楽しみに通うようになり，一定の生活のリズムの保持に役立つとともに，親子関係も以前より改善されてきた。

138 第8章 ひとり親家庭の福祉

■参考文献

1）厚生労働統計協会：国民の福祉と介護の動向2017/2018，2017
2）京極高宣編：第二版　現代社会福祉学レキシコン，雄山閣，2003
3）総務省：平成27年国勢調査
4）厚生労働省：平成28年度全国ひとり親世帯等調査
5）厚生労働省：平成28年国民生活基礎調査
6）全国社会福祉協議会・全国母子生活支援協議会ホームページ

第9章

保育支援と福祉

第1節　子育て支援の概要

1　子育て支援の必要性

　日本は，少子高齢化が進展し，人口減少社会を迎え労働力人口は，減少の一途を辿ることになる（図9－1）。労働力人口の減少は，わが国の経済成長や社会保障政策に深刻な問題を招くことになる。

　労働力人口が減少する中で，期待されるのが女性の労働である。現在，雇用者に占める女性労働者の割合は42.3％で，諸外国に比べて女性の就労は低くなっている。2010（平成22）年国立社会保障・人口問題研究所の調査では，出産前後に62％の女性が退職している。退職者の半数近くは，仕事は続けたいが育児との両立の難しさを理由にあげている。

　国は女性の就労支援で重要な課題は，保育支援の充実を中核に備え，育児や介護休業の取得，性別を理由とする差別の禁止等を整備し，女性就労者が子育てをしながら安心して働ける社会を可能にするため，子ども・子育て支援法の制定や女性の就労支援関連法の整備を行ってきた。

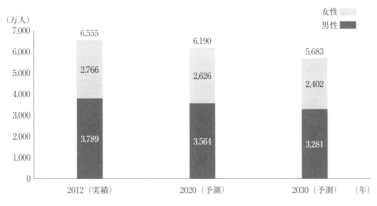

図9-1 労働力人口の将来予測

(資料)「平成25年度労働力需給の推計 労働力需給モデルによるシミュレーション」
(労働政策研究・研修機構)

2 子育て支援施策

　1973（昭和48）年の合計特殊出生率は，2.14である。それ以降の出生率は低下の一途をたどり，2005（平成17）年の合計特殊出生率は1.26の史上最低記録を更新した。

　国が，少子化問題を深刻な課題として，取り組みを始めたのは1993（平成5）年である。国は子育てに要する経済負担の軽減や安心して子育てができる環境を整備し，社会全体で支える「子育て支援施策」の検討を始めた。国が数十年かけて推進した子育て支援施策の概要は，次の通りである。

(1) エンゼルプラン

　国は，社会全体で子育て支援に取り組む必要があるとして，1994（平成6）年に子育て支援策（エンゼルプラン*）を策定した。主な施策の内容は，次の

エンゼルプラン
　1994（平成6）年に文部・厚生・労働・建設の4大臣の合意で「今後の子育て支援のための施策の基本的方向について」（エンゼルプラン）を策定し，子育て支援に関する具体的な実施計画を立てた。

5項目である。

① 子育てと仕事の両立が可能な支援
② 家庭における子育て支援
③ 住宅および生活環境の整備
④ ゆとり教育の実現と健全育成の推進
⑤ 子育て経費の軽減

　保育対策では，育児休業給付，低年齢児保育，延長保育，地域子育て支援センター等の事業が制度化された。

（2）新エンゼルプラン

　エンゼルプラン策定後も，少子化は進行した。国はエンゼルプランの見直しを行い，1999（平成11）年に，「新エンゼルプラン」を策定した。新エンゼルプランの主な施策は，次の4項目である。

① 多様な保育サービスの推進
　　・延長保育の推進　　・病後児保育の推進　　・休日保育の推進
② 低年齢児（0歳～2歳）保育の定員枠の拡大
③ 在宅児を含めた子育て支援の推進
　　・地域子育て支援センターの整備　　・一時保育の推進等
④ 学童保育の推進

（3）子ども・子育て応援プラン

　国は，新エンゼルプランの見直しを行い，2004（平成16）年に「子ども・子育て応援プラン」を策定した。保育分野では，次の3事業が拡大された。

① 待機児童ゼロ作戦の展開
② 学童保育（放課後児童対策）の充実
③ 多様な保育ニーズへの対応

142 第 9 章 保育支援と福祉

表 9 — 1 子ども・子育て応援プラン（多様な保育サービスの推進）

項　目	設置数（年度）	目標値（2009年度）
① 待機児童ゼロ作戦のさらなる展開・保育所の受け入れ児童数の拡大	205万人（2005）	215万人
② 放課後児童対策の充実・放課後児童クラブの推進	15,184（2005）	17,500か所
③ 多様な保育ニーズへの対応		
・延長保育	12,951（2004）	16,200か所
・休日保育	607（2004）	2,200か所
・夜間保育	64（2005）	140か所
・病後児保育	196（2004）	1,500か所

　この事業の達成を図るため，国が定めた数値目標（推進計画）は，表 9 — 1 の通りである。

　国は，働きやすい労働環境の整備や安心して子育て可能な施策を企画し，仕事と子育ての両立可能な法整備に努めてきた。しかし，合計特殊出生率は依然として増加の気配もなく，国は，保育所入所待機児童*の解消等に苦慮しているのが現状である。

第 2 節　保育支援の福祉施策

1 保育サービスの体系

　保育所は児童福祉法に基づいて設置された児童福祉施設である。保育所の運営は「児童福祉施設の設備及び運営に関する基準」「児童福祉法施行規則」「子

待機児童
　待機児童とは，保育を必要とする児童で保育所の入所を申請しているにもかかわらず，定員超過を理由に入所できない児童のことである。待機児童は，全国に16,772人（2019年 4 月現在），その多くは都市部に集中している。

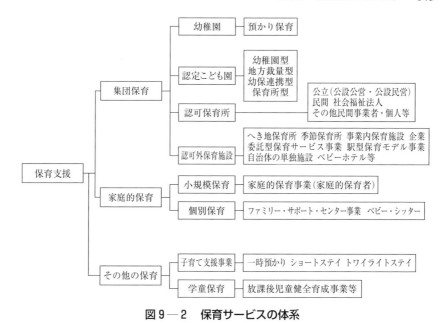

図9−2　保育サービスの体系

（資料）柏女霊峰・伊藤嘉余子編，金子恵美他著：児童福祉，樹村房，p.94, 2009を筆者により一部加筆

ども・子育て支援法」などで保育事業が行われている。

　乳幼児の保育サービスは，保育所，幼稚園，認定こども園，認可外保育施設*などで行われている。乳幼児の保育や教育の保育サービスを体系化すると，図9−2のようになっている。

2　保育所，幼稚園，認定こども園の比較

　保育所は児童福祉法，幼稚園は学校教育法，認定こども園は，認定こども園

認可外保育施設
　認可外保育施設は，児童福祉法に該当しない保育施設，都道府県知事（指定都市・中核市長）の認可を受けていない施設を総称した用語である。

第9章　保育支援と福祉

表9-2　保育所・幼稚園・認定こども園の比較

	保育所	幼稚園	認定こども園
所　管	厚生労働省	文部科学省	内閣府・厚生労働省・文部科学省
目　的	保育が必要な6歳未満の乳幼児または幼児の保育	幼児を教育し心身の発達を助長すること	小学校就学前の子どもに教育や保育，並びに保護者に対して支援を行うこと
設置・運営基準	児童福祉施設の設置及び運営に関する基準	幼稚園設置基準	各県が定める認可基準
教育・保育内容の基準	保育所保育指針	幼稚園教育要領	幼保連携型認定こども園教育・保育要領 幼稚園教育要領 保育所保育指針
職員等の資格	保育士資格証明書	幼稚園教諭免許状	保育士資格と幼稚園教諭免許状の両資格併用
対象児童	保育を必要とする6歳未満の乳児，幼児	満3歳から小学校就学前の幼児	「保育を必要とする」の有無に関係なく，6歳未満の乳幼児
入所の申し込み先	市町村	希望する幼稚園	設置者と保護者との直接契約
1日の教育保育時間	8時間（原則）	4時間（標準）	4時間利用にも11時間利用にも対応
年間の教育保育日数	規定なし	39週以上	施設で決定する
給食	給食設備が必要	給食設備が不要	給食設備が必要
保育料	市町村に納入	幼稚園に納入	設置者が決定する

法*に基づいて設置された施設である。保育所は0歳から就学前の保育が必要な子どもが対象である。幼稚園は3歳児から就学前の子どもが対象である。認定こども園は就学前の子どもに教育と保育を提供し，子育て支援（子育て相談，親子の集いの場の提供など）を行う施設である（表9―2）。

　保育所，幼稚園，認定こども園は，就学前の乳幼児の保育・教育機関であるが，職員の資格，対象児童，入所申請先，保育時間，保育料などに相違がある。

3 保育所の福祉施策

　保育所は，保護者の就労や病気などの理由から家庭で保育が困難な乳児を預かり，保育所が保護者に代わって保育を行う施設である。保育所の保育時間は，7時から18時である。

　しかし，近年，母親の就労形態は夜間勤務，超過勤務，早朝勤務，遠距離勤務など，就労形態が多様化の傾向にある。就労形態の多様化は，保育ニーズの多様化を招き，保育所は，地域子ども・子育て支援事業（子ども・子育て支援法第59条）に基づいて，次のような保育事業（福祉施策）を行っている。

① 一時保育（一時預かり）：保護者が疾病等で一時的に保育を必要とする乳幼児を保育する制度である。

② 病児保育：病気の乳幼児を保育所の専用保育室で看護師等が保育する制度である。

③ 延長保育：通常の利用時間を超えて保育を行う制度である。

④ 放課後児童クラブ：保護者が労働等の留守家庭で，小学校に在学している児童に対して，授業時間後の適切な遊び場や生活の場を提供し，健全育成を図る制度である。

認定こども園法
　正式な法律名は「就学前の子どもに関する教育，保育等の総合的な提供の推進に関する法律」である。

146　第9章　保育支援と福祉

　この他，障害児保育，休日保育，また地域子育て支援センター*を設置し，保育サービスの充実を図っている。

第3節　保育所の現状と課題

1 保育を必要とする子ども

（1）保育所の概要

　保育所における保育は，養護と教育を施すことである。「養護」とは，子どもの生命の安全や情緒の安定を図る援助であり，「教育」とは，健やかな成長や豊かな活動を支援するための生活や遊びが保育である。

　保育の実践は，児童福祉施設の設備及び運営の基準，保育所保育指針に基づいて保育が行われている。

（2）保育を必要とする子ども

　保育所は，「保育を必要とする乳幼児（6歳未満児）」が，昼間利用する施設である。保育を必要とする乳幼児とは，次の条件を満たしたものである。

① 就労
② 妊娠，出産
③ 保護者の疾病，障害
④ 親族の介護・看護
⑤ 災害復旧
⑥ 求職活動
⑦ 就学
⑧ 虐待やDVのおそれがあること
⑨ その他，市町村が認める場合

　保育所の入所手続きは，保護者が市町村（実施機関）に「保育を必要とする認定書」の交付と「希望する保育所名」を記載して申し込み，市町村は保育所と入所調整を行い，利用の有無を保護者に通知するシステムになっている。

地域子育て支援センター
　地域子育て支援センターは，保育所に付設されている。支援センターは，地域の子育て家庭を支援するため，育児相談，子育て支援，地域のニーズによる特別保育事業を行う機関である。

2 保育所の現状と課題

　1947（昭和22）年の児童福祉法制定時には，保育所の設置数1,500余か所，利用児童数は16万人余りであった。その後，保育所は年々増加の一途を辿っている。

　1980（昭和55）年頃には，第2次ベビーブームと女性の社会進出等で保育需要が増大し，保育所の設置数は22,000余施設，利用児童数2百万余人に達している。第二次ベビーブーム以降は，合計特殊出生率の低下に伴い，保育所の設置数や利用児童数が減少した。

　しかし，1996（平成6）年以降は，少子化の進行で子どもの数は減少傾向にあるものの，バブル崩壊による経済的事情，男女雇用機会均等法*の制定，雇用環境の整備等で女性の就労者が増加し，結婚後も就労を継続する女性が増え，保育所の利用者が増加した。最近は3歳未満の乳児の利用が多くなっている。

　2001（平成13）年頃から保育所の定員を上回る利用状況が続く一方，保育所入所の待機児童の増加が社会問題になっている。年別，保育所等利用率と待機児童数の状況は，図9―3の通りである。

男女雇用機会均等法
　雇用において採用，昇進，解雇等の男女差別を禁止した法律である。女性の深夜労働，残業，休日労働の制限（女子保護規定）が撤廃されたため，これらの業種に就労する女性が増加した。

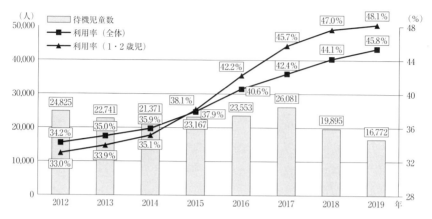

図9―3　保育所等待機児童数および保育所等利用率の推移

(出典) 厚生労働省：保育所等関連状況取りまとめ（平成31年4月1日），2019

3　保育所での事例

　保育所は，本来の保育業務以外に延長保育や「地域子育て支援センター」などの保育事業を実施している。地域子育て支援センターは，子育てや育児不安などに対応するため，地域の子育て中の親子の交流や育児相談を行っている。事例は，地域子育て支援センターで取り扱った相談である。

【主訴】

　本児（2歳8か月）は常に動き回り，多動のため目が離せない。危険なことが多く，無断外出を防ぐため玄関に施錠をしている。児童相談所では，「注意欠陥障害」と診断されが，家庭で経過観察を行うように指示された。保護者は早期療育を求めて地域子育て支援センターに来所した。

【事例の概要】

1歳頃には歩行を開始，親は動きの激しさが気になっていた。1歳6か月健康診査では「男の子であり，元気な証である」で終わった。しかし，行動の激しさは成長と共に激化し，買い物時に迷子になる等，目の離せない子どもであった。母親は育児疲れから保育所の利用を申請したが，就労していないため保育所の利用は断念した。

【指導経過】

地域子育て支援センターでは，発達障害者支援センター*の協力を得て，相談援助活動を行うことにした。発達障害にかかわる専門的指導は，発達障害者支援センターに依頼して，地域子育て支援センターは，母親の育児負担の軽減を目的に，センターの「一日保育」に参加させている。

本児の行動に変化はないが，母親は月1回開催の「育児教室」や保育所の園庭開放などに本児と一緒に参加し，一般の子どもとの交流を図っている。最近は，母親の疲れた様子も見られず表情も明るくなっている。

■引用・参考文献

1）柏女霊峰：子ども家庭福祉論，誠信書房，p.125，2009
2）柏女霊峰・伊藤嘉余子編：児童福祉，樹村房，p.94，2009

発達障害者支援センター

発達障害者（児）の相談・指導等を目的にした専門機関である。支援センターでは，相談支援・発達支援・就労支援をはじめ，発達障害者を正しく理解してもらうための研修会や啓発活動等を行っている。

第10章

社会的養護と福祉

第1節 社会的養護の概要

1 社会的養護の定義

　保護者が不在，または保護者がいない子ども，保護者の監護が不適当な子ども，監護が困難な子どもなどを「要保護児童」という。社会的養護とは，要保護児童を公的責任で国や地方公共団体が，親に代わって子どもの養育を行い，併せて家族の支援を行うことである。

　保護者の不在とは，父または母の死別や離婚，行方不明や長期入院などである。監護が不適当な子どもとは，非行等の素行上問題のある子ども，情緒障害の治療を必要とする子どもなどである。

　社会的養護を必要とする子ども（要保護児童）は，乳児院，児童養護施設，児童心理治療施設，児童自立支援施設，里親，ファミリーホーム*などで養育されている。

2 社会的養護の分類

　要保護児童の養育形態は，児童養護施設などの児童福祉施設で養育を行う「施設養護」，児童養護施設の規模を小規模（定員6人）にしたグループホー

ファミリーホーム（小規模住居型児童養育事業）
　養育者が自宅で6人程度の子どもを受託して養育するもの。この事業は，里親制度ではなく施設，里親に次ぐ第3の選択肢として位置づけられている。養育者は里親や施設職員として一定経験があり，家事や養育の補助人員も配置できる。2008（平成20）年の児童福祉法改正によって創設された。

第2節 子どもの養護と福祉　*151*

表10—1　社会的養護の形態

施設養護	大規模施設養護		定員の多い（数十人～100人程度）児童福祉施設
	家庭的養護	小規模グループケア	児童養護施設・乳児院で6人を原則に小規模グループによるケアを行う。
		地域小規模児童養護施設（グループホーム）	6人定員の養護施設。地域の住宅地などに置かれる。
家庭養護	養育里親		自治体からの委託により家庭で要保護児童を養育する。
	専門里親		虐待，非行，障害など特殊な背景のある子どもを養育する。

ムなどを「家庭的養護」，一般家庭で要保護児童の養育を里親とファミリーホームで行う「家庭養護」がある（表10—1）。

　国は児童養護施設などの大規模施設では，安定したきめの細かな人間関係のもとでの養育が困難であり，人格形成や自立支援に支障があるため，家庭養護の推進に力を注いでいる。児童養護施設などは，きめ細かな処遇を実践するため，小規模施設（定員6名）の設置を勧めている。小規模施設（小規模グループケア，グループホーム）での養育は，「施設養護」であるが「家庭的養護」と呼んでいる。

第2節　子どもの養護と福祉

1 子どもの養護とは

　児童福祉法第6条の3第8項で，要保護児童とは「保護者のない児童又は保護者に監護させることが不適切であると認められる児童」とされ，また児童福祉法第41条で，児童養護施設に入所させる児童とは「保護者のない児童，虐待

されている児童その他環境上養護を要する児童」としている。保護者のない児童とは，保護者の死亡や行方不明等で養育者がいない子どもであり，その他環境上養護を要する児童とは，放任，貧困，非行児童，不登校，ひきこもりなどであり，保護者の適切な養育が必要な子どもである。

　子どもの養護とは，子どもを養い，成長を支援し，子どもの安全・安心を保障することである。国・地方公共団体は，家庭に代わって養育のできる里親制度をはじめ，乳児院・児童養護施設・児童心理治療施設・児童自立支援施設を設置している。これらの養育を狭義での社会的養護という。

2　子どもの養護の現状と課題

　児童福祉施設は，施設によって設置目的，生活形態，利用形態などが異なり，時代や社会のニーズによって変化してきた。たとえば，乳児院や児童養護施設は，かつては孤児院と呼ばれ，親が亡くなったり，いなくなったりして身寄りがない子どもが生活する施設であった。しかし，現在，乳児院や児童養護施設に入所する子どもで両親がいないというケースは全体の1割にも満たない状況である。これらの施設に入所する一番大きな理由は，ネグレクト等による虐待の問題である。ここでは，子どもの養護（施設養護）の中心的役割を担っている乳児院と児童養護施設を取り上げ，その現状と課題について考察する。

（1）乳児院の現状と課題

　乳児院は，「乳児を入院させてこれを養育し，あわせて退院した者について相談その他の援助を行うことを目的とする」施設である。「乳児」とは満1歳に満たない0歳児である。しかし実際には，乳児院では生後間もない新生児から3歳未満の乳幼児が養育されており，2004（平成16）年の児童福祉法の改正によって現在は，必要がある場合には小学校就学前の幼児も養育可能になって

いる。2017（平成29）年3月末現在，乳児院は全国に138か所，2,801人の乳幼児が入所している。乳児院の主な入所理由は，①「母の精神疾患」（21.8%），②「母の放任・怠惰」（10.8%），③「養育拒否」（6.9%），④「両親の未婚」（6.2%）の順で多くなっている。

　乳児院では虐待児童の増加に伴い，子どもの安心感，安全感を保障し，保育士，看護師などとの信頼関係を形成するため担当養育制をとる施設が多くなっている。また，早期家庭復帰を図るため「家庭支援専門相談員（ファミリーソーシャルワーカー）」を配置し，親子関係の調整や養育環境の改善を図り，乳幼児の家庭復帰に向けた家庭支援や関係機関との相談・連絡・調整や家庭復帰後のアフターケアなどを行っている。

　一方，家庭復帰が困難な場合には，パーマネンシー・ケア*の考え方に沿って，里親など，家庭的養育に配慮した支援が行われている。

コラム　措置変更という喪失・分離体験

　生後1週間で乳児院に入所したKちゃんは，2歳になっても家庭復帰の見込みがなく，里親委託についても保護者が反対しているため，児童相談所は，現在入所している乳児院から児童養護施設へ措置変更*することにした。Kちゃんが乳児院に入所して以来ずっと担当している保育士は，Kちゃんのことがいっそう愛おしく，またKちゃんも保育士にべったりで，児童養護施設への措置変更に大きな抵抗があった。しかし，ついにその日がやってきた。児童養護施設へ移送される車中，Kちゃんは何かを察したかのように黙ったままである。

　児童養護施設に到着すると，すぐに入所児童たちがやってきて，Kちゃんにおもちゃを渡していっしょに遊ぼうと誘ってくれた。Kちゃんは，初めはじっとしていたが，次第に仲良くみんなと遊んでいた。そのまま，お昼ご飯をみんなで食べた。乳児院から付き添ってきた保育士も一緒に食べていたが，途中で児童養護

パーマネンシー・ケア
　家庭で養育される権利が奪われた子どもに対して，永続的で一貫した養育者（里親など）による家庭的養育を保障するという考え方。

措置変更
　措置権を持つ児童相談所が，何らかの事情により，児童が現に入所委託されている施設・里親とは異なる施設・里親へ児童の措置を変更することをいう。

施設の職員に呼ばれ，保育士は心のなかで「Ｋちゃん元気でね」と祈るように，涙をこらえて席を立った。さよならも言わず立ち去ったことが今も保育士には辛い思いとしてある。現在ではこのようなことは行われていないが，かつての乳児院では措置変更時，このようにせざるを得なかった状況もある。今では，乳児院の措置年齢の拡大や，ケアの連続性に配慮した「ならし養育」の実施など，各施設とも子どもにできるだけ負担のかからないような努力をしている。過去のことではあるが，子どもの立場に立ったとき，私たちはどのような支援が大切か深く考えさせられる。

（２）児童養護施設の現状と課題

　児童養護施設は，全国に615か所，26,449人（平成29年３月末現在）の子どもが入所している。入所理由は虐待，貧困，離婚などであり，そうした事情から家庭での養育が困難な子どもが生活する施設である。18歳未満の子どもたちが生活している。

　厚生労働省「児童養護施設入所児童等調査の結果（平成25年２月１日現在）」の資料では，養護問題発生理由，在籍期間，家庭交流の状況，進学・就職の進路状況は，次のようになっている。

　養護問題発生理由では，虐待によるものが38.0%，親の精神疾患等が12.3%，親の死亡は2.2%である（表10—２）。また，施設在籍期間は，４年未満が49.6%，４〜８年未満27.2%，８〜12年未満15.8%，12年以上7.0%で，平均の在籍期間は４年９か月である。早期家庭復帰に向けた支援には，施設と家族の交流が重要であるが，家庭との交流状況では，帰省45.9%，面会23.1%，電話連絡等12.9%，交流なし18.0%である。

　進学・就職などの進路では，児童養護施設入所中に中学校卒業した2,333人のうち，高校進学は96.0%（全国平均98.7%），専修学校等1.5%（平均

第2節　子どもの養護と福祉　*155*

表10— 2　養護問題発生理由

養護理由	養護児童数	割合（%）	養護理由	養護児童数	割合（%）
親の死亡	663	2.2	親の精神疾患等	3,697	12.3
親の行方不明	1,279	4.3	親による虐待・ネグレクト	11,377	38.0
親の離婚・不和	1,105	3.7	経済問題	1,762	5.9
親の拘禁	1,456	4.9	児童の監護困難	1,130	3.8
親の入院	1,304	4.3	その他・不詳	4,476	15.0
親の就労	1,730	5.8	計	29,979	100

資料：厚生労働省「児童養護施設入所児童等調査の結果（平成25年2月1日現在）」2015

0.3%），就職1.5%（平均0.3%），その他1.0%（平均0.7%）と高校への進学は高くなっている。

　施設入所中に高等学校を卒業した者は1,818人であった。卒業者の進路は，大学進学12.4%（全国平均52.2%），専修学校等11.6%（平均21.9%），就職70.4%（平均12.4%），その他5.6%（平均7.8%）であった。高校進学は全国レベルに近いが，大学進学率は全国平均に比べ低く，原因はどこにあるかが問題である。

　児童養護施設の課題は多いが，施設の教育体制の充実，退所後のケア体制の強化が大切である。養護児童は養育環境の問題から学習の習慣，学習意欲がなく，学力低下の問題が指摘されてきた。高校進学後も学力等の問題から中途退学者が全国平均より高く，就職後の離職者も全国平均を大きく上回っている。18歳を過ぎると，子ども家庭福祉による支援は難しくなるが，退所後のケア体制は重要課題である。

156 第10章 社会的養護と福祉

③ 児童養護施設での援助事例

【事例の概要】

　本児（小学5年男）は，昨年（小学4年の夏休み）児童養護施設に入所してきた。入所理由は，母親からの身体的虐待である。ある日，母親が本児をハンガーで殴り，顔面を腫らして登校し，学校が児童相談所に通告したのがきっかけである。調査に来た児童福祉司に母親は「こんな子は育てられないから施設で預かってください」と訴えたという。児童相談所で一時保護中，本児は「家に帰りたくない」と話し，母親も拒否しているため施設入所となった。家庭はひとり親（母子），本児に兄弟姉妹はいない。本児が小学校に入る前に父母は離婚している。母親は施設入所の日，同行し「あの子は昔から嘘ばかりつくのでかわいくないし，育てている意味がない」と施設職員に語った。最近，その本児が学校で落ち着きがない，としばしば指摘されるようになった。授業妨害や暴言，他の子どもへの暴力もあるとのこと。早速，施設の担当職員が事情を聴き，本児に注意をした。しかし，その1週間後，今度は近所のコンビニで万引きをしたという知らせが入った。母親はここしばらく施設へ面会に来ておらず，担当職員は，この件を母親に伝えるかどうか迷ったが正直に伝えることにした。すると母親は，「そんな犯罪者知りません」とすぐに電話を切った。しかし，数時間後，施設にあらわれ，「どういうことですか，嘘が治らないだけではなく，万引きまでするようになって，どうしてくれるんですか！」と担当者と施設長に約3時間訴えた。

【支援のポイント】

　児童養護施設にはさまざまな事情で親から離れて生活する子どもたちがいる。保育士，児童指導員をはじめとする職員は日々，懸命に子どもたちの生活

上のケアや自立に向けた支援を行っているが，時として子どもたちは，本当は親にいいたかったことや，誰にもいえない怒りを，身近な職員や実習生に訴えてきたりもする。それはたとえば，「死んでほしい」「キモい」「あっちへいって」などである。このようなときには，言葉だけにとらわれず，その言葉の意味や背景を考えてほしい。事例の本児は入所後，問題行動がみられるようになった。現象面だけを取り上げるならば，本児の行動は叱られて当然のことであろう。しかし，私たちは現象面の背景を分析・洞察する力をつけなければ，支援の第一歩を踏み出せない。本児の母親についても，この話だけ聞けば「モンスターペアレント」の烙印が押されるであろう。何と自分勝手な親かと。しかし，本児にとっては，唯一のかけがえのない母親であることも事実である。そして，この母親にとっても本児はかけがえのないわが子である。援助者は，熱心にかかわればかかわるほど，「親なのに」「なぜ」，と子どもの立場に立って怒りがこみあげてくることもある。しかし，一方で，冷静に母親の言動について，その表現の背景を考え支援の糸口を考えなければならない。

　いうまでもなく，深刻な虐待など家庭復帰が望めないケースについては，児童に対する自立支援（リービングケア*）および退所後の支援（アフターケア）が特に重要になるが，親子を分離したら解決するというような単純なものではない。どうすれば，この親子がもう一度，幸せに暮らすことができるのか。あるいは，そこまでに至らなくとも，互いのことを認め合える関係になれるのか。親子のストレングス*を引き出し，早期家庭復帰の実現に向けて，親子関係を調整・修復することも児童養護施設に課せられた大きな役割である。

リービングケア
　施設を退所する前に，社会的な自立にむけ児童が基本的な生活技術や社会的技術を身につけるための支援を行うこと。

ストレングス
　本人のもっている強さ・長所のこと。

158   第10章　社会的養護と福祉

第3節　情緒障害児の福祉

1　情緒障害児等の概要

（1）情緒障害児の定義

　情緒障害児とは，18歳未満の子どもが，家庭や学校，地域社会で「不適応状態（問題行動等）を呈した児童」である。情緒障害には，不登校，盗み，虚言，多動などさまざまな種類がある。情緒障害は，不安や恐怖および性格などの心理的問題，家庭や学校（親子関係や友人関係）でのストレスが原因になって引き起こしている場合が多い。

　厚生労働省は，情緒障害を次の3種類に分類している。

　①　反社会的行動―――乱暴，盗み，家出，怠学，虚言，反抗

　②　非社会的行動―――不登校，家庭内暴力，緘黙症*，ひきこもり

　③　神経症的行動―――不眠症，拒食症，神経症*，心身症

　情緒障害の定義については，長年，厚生労働省，文部科学省の間でばらつきがあった。文部科学省は，ごく最近まで自閉症などを「情緒障害」と定義していた。現在は，発達障害（自閉症）としてとらえて特別支援教育を行っている。厚生労働省は，発達障害に起因した問題行動（不登校，引きこもりなど）は，情緒障害として児童心理治療施設で指導を行うなど，いまだに省庁間でのばらつきがみられる。

（2）発達障害児の定義

　発達障害には，自閉スペクトラム症（ASD，従来の広汎性発達障害，自閉症，アスペルガー症候群*を包括していう診断名），注意欠陥障害などの種類が

緘黙症
　緘黙症は，家庭場面では普通に会話ができるのに，集団や学校場面では一切の会話を拒否する。幼児期に現れ，出現率は0.2%前後である。

神経症
　不安，精神的ショックなどが原因で起こる精神障害，一般にノイローゼと呼ばれる。症状

は，不安神経症，恐怖症，強迫神経症，心気神経症，ヒステリー，抑うつ神経症などがある。幼児期は心身症的な症状がみられ，青年期は多彩な症状がみられる。

アスペルガー症候群
　本文にも記したように現在では，自閉スペクトラム症として，広汎性発達障害などと包括し

ある。発達障害は，脳の機能障害が起因して「社会性の障害*，コミュニケーションの障害*，こだわり障害」が共通してみられる症状である（図10−1）。18歳未満までに脳の機能障害によって日常生活や社会生活に支障を呈した子どもを「発達障害」という。日常生活や社会生活に支障を呈した状態とは，「対人関係・コミュニケーション能力」などに障害があり，物事に強いこだわりをもち，変化に対処するのが苦手で，自分の気持ちを相手に伝えたり，友だちと遊ぶことが苦手なことをいう。

また，不器用さや音痴が目立つ，遊びのルールや共同作業など雰囲気の察知能力が低くトラブルの原因になることが多い，音や臭気などの特定の感覚に敏感である，不注意や多動などの障害がみられる，などが特徴である。

発達障害の出現率（文部科学省調査，2003年）は，次のようになっている。
① 知的障害――――――0.5%　② 学習障害*――――――4.5%
③ 注意欠陥障害――――2.5%　④ 広汎性発達障害―――0.8%

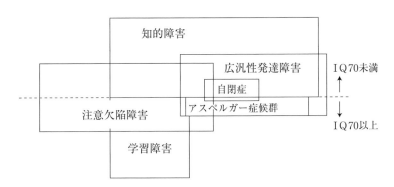

図10−1　発達障害の種類

て位置づけられている。ただし，現在もわが国ではアスペルガー症候群として診断されることも多く，診断基準として，①コミュニケーションがうまく取れない，②認知の発達，年齢相応自己管理能力が遅れている，③著しい言語の遅れはない，④社会的，職業的，その他重要な領域における機能に著しい障害を誘発しやすい，などがある。

社会性の障害
　他の人と喜びや関心を共有したり，一緒に遊んだりするなどの情緒的な結びつきが乏しく，適切な友人関係が形成できないこと。

コミュニケーションの障害
　話しことばの遅滞，ことばの欠如，独特なことばの反復使用等の特徴がある。他の人との会

2 児童心理治療施設の現状と課題

　児童心理治療施設は，心理的問題（情緒障害）を抱えた子どもの生活を支援し，心理治療や学校教育を施す児童福祉施設である。2017（平成29）年度より，それまでの情緒障害児短期治療施設から名称変更された。施設は，入所による方法と通所による方法がある。

　職員は，医師，心理療法担当職員，児童指導員，保育士，看護師，栄養士などが配置されている。児童指導員や保育士は子どもの日常生活を担当し，医師や心理療法担当職員は心理的治療やカウンセリングを担当し，学校教育への対応は施設によって地域の学校に通学させている場合，施設内に派遣学級が併設されている場合などさまざまである。

　児童心理治療施設（情緒障害児短期治療施設）は，2018（平成30）年3月末現在全国に46施設，定員1,892人，入所者1,280人，入所率67.7%である。子どもたちの入所理由は（平成22年全国情緒障害児短期治療施設調査），被虐待児75%，広汎性発達障害26%，知的障害13%，精神科通院児40%となっている。

　厚生労働省の調査では，2014（平成26）年度に情緒障害児短期治療施設を退所した子どもは463人であった。退所理由は，家庭環境改善77人，児童の状況改善132人，就職37人，大学進学14人，養子縁組2人，他の児童福祉施設への変更162人，その他39人となっている。

　情緒障害児短期治療施設が創設された当初は，不登校や緘黙児などの非社会的問題行動の子どもが多かったが，近年は虐待による後遺症，発達障害による二次的障害などの子どもが多くなっているのが特徴である。

　入所児童の多くは，発達障害と不登校などの複合した問題を抱える子どもが多く，しかも精神科医療を要するものも少なくなく，医療的対応が新たな課題

話やごっこ遊び等が苦手で，いつも孤立状態にあることが多い。

学習障害
　全般的に知的発達には遅れはないが，聞く，話す，読む，書く，計算するなどの学習能力のうち特定のものの習得と使用に著しい困難があること。その背景として，脳の中枢神経系に何らかの機能障害があるのではないかといわれている。

第3節 情緒障害児の福祉 *161*

になっている。

3 施設における指導事例

本ケースは，児童心理治療施設に通所して治療を受けた事例である。

【主 訴】

本児（女子）は，幼稚園の年長組。毎朝，幼稚園で親離れが悪く，親にしがみついて泣き叫ぶため，教諭が本児を抱えて引き離している。引き離した後は，泣き叫ぶことはないが，幼稚園では友だちと交わることもなく一人遊びが続いている。最近は，登園を嫌がることが多くなっている。

【事例の概要】

幼児期から人見知りが強く，公園などで，人がやってくると遊びをやめ母親に寄り添い，子どもと接することが苦手な子どもであった。性格は引っ込みがちで外出を嫌がり家庭内で過ごすことが多かった。最近，登園を嫌がることが多くなり，保護者は小学校入学を目前に控え，不登校の心配から相談に来たケースである。

【指導経過】

「分離不安*」による問題行動である。幼稚園では，強引な母子分離をやめ，対人不安の軽減を図るため，母子登園を始めた。一方，社会性（子ども同士の遊び）を育てるため，週1日児童心理治療施設に来所し，遊戯療法を行うことにした。

最初は，母子の分離不安を軽減するため，母子合同の遊戯療法を行い，様子をみながら治療者と本児のみの遊戯療法に切替え，その後子ども数人を加えた集団遊戯療法を行い，対人不安の軽減に努めた。

分離不安

分離不安は，継続して親から離れる時，過剰な不安や恐怖を示し，泣く等が主症状である。分離不安は幼児期に多く出現し，就学期に不登校を呈することがある。

第4節　子どもの自立支援の福祉

1 子どもの自立支援の概要

（1）非行少年
少年法では，少年非行を次の3つに分けている。

① 犯罪少年—犯罪行為をした14歳以上20歳未満の者

② 触法少年—刑罰法令に触れる行為をした14歳未満の児童

③ ぐ犯少年—刑罰法令に該当しないぐ犯事由であって，将来，罪を犯すおそれのある20歳未満の者

ぐ犯を具体的に説明すると，「保護者の正当な監督に服しない性癖がある。夜間徘徊，飲酒，喫煙等」「正当な理由なく家に寄りつかない。家出」「犯罪性・不道徳性のある人と交際し，いかがわしい場所に出入りする」「自己・他者の徳性を害する性癖がある」などである。

（2）少年犯罪の実態
2017（平成29）年，警察庁の少年刑法犯検挙人数は，35,612人（男30,465人，女5,147人）である。罪名は殺人，強盗，放火，強姦，暴行，傷害，恐喝，窃盗，詐欺，強制わいせつ，住居侵入，器物損壊などである（表10—3）。

（3）少年非行の法体系
少年非行に関する法律は，「児童福祉法」と「少年法」がある。少年非行を担当する機関は，児童相談所と家庭裁判所である。児童福祉法や少年法は，非行少年を処罰することが目的ではなく，少年法は保護処分（守り，更生），児童福祉法では保護・育成（自立支援）を目的とした法律である（図10—2）。

第4節 子どもの自立支援の福祉 *163*

表10—3 少年による刑法犯 検挙人員（罪名別，男女別）

(2017（平成29）年)

罪 名	少 年				
	総数		男子	女子	
					女子比
総 数	35,612	(100.0)	30,465	5,147	14.5
殺 人	51	(0.1)	42	9	17.6
強 盗	272	(0.8)	249	23	8.5
放 火	91	(0.3)	80	11	12.1
強 制 性 交 等	131	(0.4)	130	1	0.8
暴 行	1,546	(4.3)	1,395	151	9.8
傷 害	2,553	(7.2)	2,358	195	7.6
恐 喝	413	(1.2)	364	49	11.9
窃 盗	21,340	(59.9)	17,545	3,795	17.8
詐 欺	869	(2.4)	745	124	14.3
横 領	3,810	(10.7)	3,443	367	9.6
遺失物等横領	3,766	(10.6)	3,416	360	9.5
強 制 わ い せ つ	561	(1.6)	557	4	0.7
住 居 侵 入	1,283	(3.6)	1,182	101	7.9
器 物 損 壊	1,110	(3.1)	992	118	10.6
そ の 他	1,582	(4.4)	1,383	199	12.6

注 1 警察庁の統計による。 2 犯行時の年齢による。
　 3 触法少年の補導人員を含む。 4 「遺失物等横領」は，横領の内数である。
　 5 （ ）内は，構成比である。
（出典）法務省：平成29年版 犯罪白書より一部抜粋・改変

　児童相談所は，児童福祉法に基づいて触法児童，ぐ犯児童，不良行為児童など，主に14歳未満の子どもの相談を担当している。児童相談所の非行相談は，警察署からの触法通告もあるが，相談の多くは保護者，学校などからの非行相

第10章 社会的養護と福祉

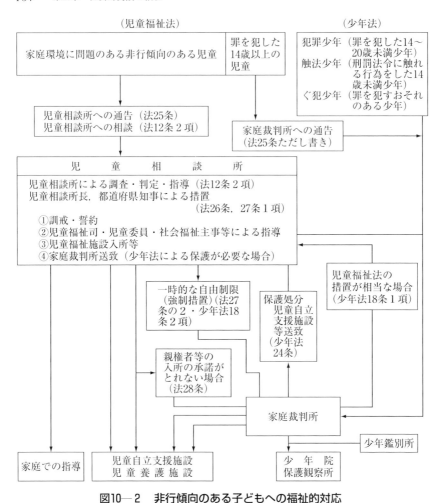

図10−2 非行傾向のある子どもへの福祉的対応

(出典) 厚生労働統計協会：国民の福祉と介護の動向2019/2020, p.106, 2019

談である。

触法児童の相談は，児童相談所では，「相談・調査・判定」を行い，法的に次の措置がとられている。

① 訓戒・誓約
② 児童福祉司，児童委員，社会福祉主事等の指導
③ 児童福祉施設入所等
④ 家庭裁判所送致（少年法による保護が必要な場合）

家庭裁判所は，少年法に基づいて犯罪少年（14歳以上20歳未満）の相談を担当している。刑法犯で警察に検挙された少年は，少年法で家庭裁判所へ送致されている。

家庭裁判所では，「少年の経歴，素質，家庭環境，精神鑑定（必要に応じて，少年鑑別所で実施)」等を行い，次の保護処分がとられている。

① 審判不開始
② 保護観察
③ 少年院送致
④ 児童相談所送致
⑤ 検察庁送致

（4）非行児童の相談援助

児童福祉法による非行のある子どもへの福祉サービスは，児童福祉施設入所と相談援助施策である。児童相談所では，保護者や学校からの相談，警察からの通告のあった触法相談は，福祉の観点から必要に応じて，非行児童の家庭環境や親子関係の調整，心理治療やカウンセリング等を行っている。また，生活指導等の在宅援助が必要な場合は，児童相談所での「一時保護」や児童養護施設などへの入所等を行っている。

166 第10章　社会的養護と福祉

　児童相談所が受理した非行相談では，児童自立支援施設，児童養護施設，児童心理治療施設等への入所者は10％弱である。面接指導（心理治療，カウンセリング）等は30％前後，次いで児童福祉司指導等の在宅指導（家庭環境や親子関係の調整，学校等の環境調整）となっている。

2 児童自立支援施設の現状と課題

（1）児童自立支援施設の設置状況

　児童自立支援施設は，児童福祉施設の中で唯一，都道府県必置の施設である。児童自立支援施設は，国・都道府県・指定都市に設置できるが，2017（平成29）年現在の施設の設置状況は，国立2施設，各都道府県，指定都市（横浜市・名古屋市・大阪市・神戸市）など58施設がある。例外的に民間施設（社会福祉法人）が2か所ある。

　児童自立支援施設の多くは，男女共学の施設であるが，国立の施設，神奈川県，北海道に設置されている施設は男女別々の施設である。

（2）児童自立支援施設の概要

　児童自立支援施設は，不良行為などいわゆる非行児童，および家庭環境その他の環境上の理由により生活指導を要する児童を入所させ，指導や教育を行う施設である。施設は家庭的な雰囲気の中での養育を重視し，児童自立支援専門員や児童自立生活支援員が子どもたちの親代わりになって指導を行っている。

　施設には，施設長，事務職員，児童自立支援専門員，児童自立生活支援員，医師，栄養士，調理員などが配置されている。

　支援の内容は，①生活指導（暮らしの工夫），②学科指導（共に学ぶ教育），③作業・職業指導（働く教育）の3本柱からなっている。

　施設では，日課表に沿って「起床，朝食，登校，学習，部活動，作業，夕

食，自由時間，入浴，就寝」など，個々の子どもの能力，特性を配慮しながら，規則正しい生活習慣によって不良行為を正すことが指導目標になっている。

1）施設の指導形態

従来，児童自立支援施設は入所施設であったが，1997（平成 9 ）年の児童福祉法改正により，子どもを保護者のもとで生活させながら通所させ，施設で指導や家庭環境の調整が必要な子どもに対応できるようになった。

児童自立支援施設は100年以上の歴史があり，施設の指導形態は「小舎夫婦制」の寮舎で生活してきた歴史ともいえる。施設には児童自立支援専門員と児童自立生活支援員である夫婦が，児童と共に寮舎（子ども10名前後）に住み込み，家庭的な雰囲気の中で生活指導を行うことが施設の特徴であった。

しかし，この小舎夫婦制は，労働基準法（過重労働・長時間拘束勤務）の問題や夫婦の職員を求めることが困難であるなど，最近は小舎夫婦制の施設が減少し，小舎交代制の施設が多くなっている。

2）入所経路・在籍児童の状況

児童自立支援施設への入所経路は，児童相談所と家庭裁判所である。家庭裁判所からの入所児童は20％弱で，多くは児童相談所からの措置児童である。

児童自立支援施設（全国58施設）の合計在籍数は，2011（平成23）年1,622人，2013（平成25）年1,519人，2015（平成27）年1,381人と年々減少している。施設の入所児童の充足率は，1960（昭和35）年前後は90％台であったが，1992（平成 4 ）年以降は40％で推移していた。2011（平成23）年以降は30％台に減少している。

児童自立支援施設は，18歳未満の非行児童を対象にした施設であるが，非行問題が表面化するのは中学生頃からであり，入所児童も中学2, 3 年生が多いの

168　第10章　社会的養護と福祉

が特色である。最近は高校進学を希望する者が多く，中学校卒業時に家庭復帰（退所）する子どもが多く，在所期間が短期間であるため，施設が目指している指導目標が未達成のまま退所していることも懸念される。

　また，児童相談所が児童自立支援施設への入所が必要と判断しても，親や本人の同意を得ることの困難などが，入所児童の減少要因にもなっている。

3　学校教育

　1997（平成9）年の児童福祉法改正で，児童福祉施設入所児童の義務教育が「就学猶予，就学免除」から「就学義務」となった。現在，分校・分教室の設置で学校教育が実施されている。児童自立支援施設では，2011（平成23）年には22.4％の設置であったが，2016（平成28）年現在は93.1％（58施設中54施設）の施設に学校が設置されている。

　また，厚生労働省の2015（平成27）年のデータでは，全国の中学校を卒業した子どもの進学率は98.4％であるのに対して，施設児童の進学率は95.4％であった。大学への進学率は同じく76.9％であるのに対して，施設児童は22.6％と一般児童の3分の1以下であった。

4　児童自立支援施設での支援活動

　本ケース（O君，中1）は，ゲームセンターでの夜遊び，中学校での怠学などが続き，児童相談所で児童福祉司の指導になっていたが，改善が見られず児童自立支援施設入所となったケースである。

第4節　子どもの自立支援の福祉　　*169*

【事例の概要】

　家庭は，父親は会社員であり，教育やしつけは母親任せである。母親は本児が小4の頃まで幼稚園に勤めていたが，本児の行状が気になるようになり，退職して子育てに専念する。本児の養育は，昼間においては近くに住んでいた母方祖母が行っている。本児の上に中3と高2の2人の姉がいる。どちらも学業は上位で真面目な生徒である。

　祖母は初めての男子だし，本児が，幼児期から「おばあちゃん，おばあちゃん」と言ってなつくので，どちらかというと溺愛したようである。2人の姉もそのことはしばしば話す。中1になり，夜遊びが激しくなり，数回警察官に補導され，そのつど保護者は呼び出され注意を受けた。何度目かの時，保護者が「O君が親に反抗的で，親の注意を無視する，怠学する，外泊するなど生活の乱れが激しく，親の手に余る」と訴えた。

　警察はO君を要保護児童として，児童相談所に通告した。

【指導経過】

　通告を受けた児童相談所はO君を4週間一時保護し，その間，児童福祉司と児童心理司がO君に面接，心理テスト，行動観察，生活指導を行った。同時に保護者面接，学校訪問，民生・児童委員訪問などにより環境面へ働きかけた。措置会議の結果，O君は家庭復帰して「児童福祉司の指導を受けながら」中学校へ通学となった。その後1年間ほどO君は，自分なりの努力はしたが，家庭・学校での生活態度に改善が見られなかったので，児童相談所は児童自立支援施設入所措置にして，指導援助を受けるようにした。

　O君は中学3年生の1年間を児童自立支援施設で生活したが，施設での生活指導，学習指導，余暇および作業指導は進んで受け入れ，無断外出もなく，しだいに安定した明るい生活態度と行動ができるようになり，人格面での成長が

170　第10章　社会的養護と福祉

認められた。

　児童自立支援施設と児童相談所では，Ｏ君の家庭復帰に備えて，保護者に対する家庭復帰の調整が行われた。家庭復帰して高校へ進学したいというＯ君の強い希望が受け入れられた。中学校卒業の時点で入所措置を解除し，児童福祉司指導に措置変更された。

第5節　里親制度の福祉

1　里親制度の概要

（1）里親制度とは何か

　養育に欠ける18歳までの子どもを，児童相談所長は里親に委託することができる*。里親制度は，さまざまな家庭事情で養育に欠ける子どもを保護者に代わって，温かい愛情と理解をもった家庭において養育する制度である。

（2）里親制度の現状

　厚生労働省の調査によれば，委託里親数の推移は1955（昭和30）年の8,283人をピークに減少し，1975（昭和50）年には3,225人となり，2003（平成15）年には，さらに減少して2,015人になった。その後，委託里親数は増加に転じ，2006（平成18）年には2,453人，2011（平成23）年には3,292人，2017（平成29）年には3,947人になっている（表10―4）。2008（平成20）年には，社会的養護の受け皿として里親制度を充実・推進することを目的に，養子縁組を前提としない里親（養育里親）が制度化され，一定の研修を要件として，登録制度（5年毎の更新研修）をとることの見直しが行われた。

　里親の種類は「養育里親」「養子縁組によって養親となることを希望する里

里親になるには

　里親になる条件は，「心身が健康である。養育への理解や熱意，豊かな愛情があること，経済的に問題がないこと，子どもの虐待問題がないこと等」である。里親になる手続きには児童相談所へ申請する。「申請―研修―里親希望者の審査―認定―適任」となれば，登録される。登録者に児童相談所から子どもが委託される。

第5節　里親制度の福祉　*171*

表10— 4　登録里親数等の推移（世帯数）

	昭和40年	昭和50年	昭和60年	平成26年	平成27年	平成28年	平成29年
登録里親数	18,230	10,230	8,659	9,949	16,679	11,405	11,730
委託里親数	6,090	3,225	2,627	3,644	3,817	4,038	4,245
委託児童数	6,909	3,851	3,322	4,731	4,973	5,190	5,424

（資料）厚生労働省：福祉行政報告例，平成29年度末現在

親（養子縁組里親）」それに「親族里親」となった。なお，養育里親は「養育里親（短期里親を含む）」と「専門里親」に区分された（表10— 5）。

　子どもにとっては，児童養護施設で育てられるよりも家庭的雰囲気の中で養育される里親の方が望ましい。欧米における里親養育と施設養護との比率が，約9対1で里親による養育が多いのに対して，わが国の場合は全く逆である。

　欧米で里親養育が主流になっている社会的背景には，次のような点がある。

① 子どもにとって，家庭による一貫性のある養育が最善という考え方。

② 家庭生活そのものの価値を認め，子どもには家庭での生活を保障すべきであるという考え方。

③ 子ども家庭福祉での対応上，行政にとって里親福祉の方が，施設福祉よりもコストが安く好都合である。

　一方，わが国において里親制度が，子どもにとってもよい制度であるにもかかわらず，なかなか伸びない理由として，次のことがいわれている。

① 子育てにおいて，あるいは養子縁組をする場合に血縁関係を重視する国民性がある。

② 実親は里親に子どもを取られてしまう心配から容易に里親委託が進まな

表10—5　日本の里親の種類

	養育里親	親族里親	専門里親
対象児童	保護者のない児童または保護者に監護させることが不適当であると認められる児童	次の要件に該当する要保護児童 ①当該親族里親と3親等内の親族であること ②児童の両親その他当該児童を現に監護する者が死亡，行方不明，拘禁等の状態となったことにより，これらのものによる養育が期待できないこと	次に掲げる要保護児童のうち，都道府県知事がその養育に関し特に支援が必要と認めたもの ①　児童虐待等の行為により心身に有害な影響を受けた児童 ②　非行等の問題を有する児童 ③　身体障害，知的障害または精神障害がある児童
里親としての要件	①　心身ともに健全であること ②　経済的に困窮していないこと ③　児童の養育についての理解，熱意，児童に対する豊かな愛情を有していること ④　児童の養育に関し虐待等の問題を起こしたことがないこと ⑤　児童福祉法，児童買春，児童ポルノに係る行為等の処罰及び児童の保護等に関する法律の規定により，刑に処せられたことがないこと ⑥　養育里親の認定に必要な一定の研修を修了したこと	養育里親と同じ（ただし「②経済的に困窮していないこと」の要件は適用されない）	①　養育里親の要件に加え，次のいずれかに該当すること ア．養育里親として3年以上の委託児童の養育の経験を有するものであること イ．3年以上児童福祉事業に従事した者で都道府県知事が適当であると認めたものであること ウ．都道府県知事がア，イと同等以上の能力を有すると認めたものであること ②　専門里親研修の課程を修了したこと ③　委託児童の養育に専念できること
登録の有効期限	5年間	登録制度なし	2年間
委託児童の最大人数	養育里親において現に養育している児童（実子，里子をあわせて）6人まで	人数制限なし	養育里親に準ずるが，委託児童は2人まで

　上記の他に「養子縁組里親」がある。対象児童は，養子縁組が可能な要保護児童，要件は養育里親と同じだが，委託児童の人数制限はない。登録制度がある。

い。実親の気持ちの変化などで児童相談所や里親が翻弄されることもある。

③　里親になることは，子育てや教育費負担の増大から大変である。

2011（平成23）年，厚生労働省が「里親委託ガイドライン」を制定以降，国は児童相談所に専任の里親担当者，里親委託推進員，里親支援専門相談員等を配置し，里親委託の支援体制の強化を図ったため，最近は里親委託が増加傾向にある。

厚生労働省は，今後10年の間に家庭的養護（生活単位を縮小した施設）を増やす一方，里親委託を30％に引き上げる方針を掲げている。

2 里親委託の事例

【事例の概要】

母親（48歳）は幼稚園へ勤めていたが，3年前体調を崩して退職した。今は健康になり，専業主婦の傍ら，週2日児童養護施設へパートで勤めている。夫は会社員（52歳），娘は短期大学保育学科の2年生である。

母親は職場で里親制度はよい制度なのだがなかなか伸びないこと，里親が不足していること，虐待児童などを預かる前に，かなりの期間養育里親研修があることを聞いた。自分が勤めている児童養護施設にも虐待を受けた子どもが数人はいることを聞き，それとなく観察してみると，子どもらしい無邪気さに欠けすぐ反抗したり，逃げたり，どことなく暗く，話しかけてみてもなかなか話さない子どもがいて，職員の言うことがよく理解できた。

子ども好きで幼稚園教育に22年間従事していた母親は，たとえ1人でも心的外傷のある子どもを養育することは，意味のあることではないだろうかと思い，1人の虐待児童の里親になることを，夫と娘に打診してみた。

夫は,「そうした子どもの養育は大変だろうし,自分は責任がもてない。しかし,どうしてもというのなら仕方がない」と言った。娘は,「小さな弟ができるね,私も遊んであげたり,面倒を見るから預かったら」と賛同してくれた。

　母親は意を決して,児童相談所へ度々赴き,事務的手続きや里親としての心得の話を十分聞いて養育里親研修も受けた。しばらくの間児童養護施設のパートを子どものために辞めた。3か月後に2歳7か月（被虐待児童：男子）のU君を児童相談所から委託された。

【事例の経過】

　預かった当初は,表情が少し暗く,眠ってもすぐ起きたり,神経質な子どもだったが,環境にも少しずつ慣れてきて,母親をママと呼び,娘を「ねえね」と呼んで,駄々をこねたり,甘えたりするようにもなった。買物等に行くときには必ずU君を連れて行き,母親は知人などに会うと,うれしそうに「私の子どもなのよ」と冗談ぽく言っている。夫との関係は悪くはないのだが,接触する時間が少ないだけに,もう少し時間がかかりそうだ。入浴は娘と入り,U君に歌を歌わされるのには困るといっている。

■　参考文献

1）流王治郎・赤木正典編著：児童家庭福祉論,建帛社,2015
2）高橋重宏・才村純編著：子ども家庭福祉論,建帛社,1999
3）森上史朗監修：最新保育資料集2017,ミネルヴァ書房,2017
4）神戸賢次・喜多一憲編：児童養護の原理と内容,みらい,2010
5）伊達悦子・辰巳隆編：保育士をめざす人の養護原理,みらい,2003
6）厚生労働省：社会的養護に関する実態調査,2009
7）厚生労働省：児童養護施設入所児童等調査,2011
8）児童自立支援対策研究会編：子ども・家族の自立を支援するために,日本児童福祉協会,2005
9）厚生労働省：社会的養護の推進に向けて,2017および2019

第11章

障害児の福祉

第1節　障害児福祉の概要

1 障害児の範囲

　障害児とは，「身体に障害のある児童，知的障害のある児童，精神に障害の
ある児童（発達障害児を含む），又は治療方法が確立していない疾病，特殊な
疾病で日常生活や社会生活に支援が必要な児童」（児童福祉法第4条第2項，
要約）である。

　身体障害の種類は，視覚障害，聴覚障害，肢体不自由，内部障害，言語障害
などがある。知的障害はIQ（知能指数）70以下で適応能力に支障があるもの
をいい，精神障害者は統合失調症，中毒性精神病，その他の精神病などをい
い，障害基準などは各種の福祉法に定められている。

　障害者基本法では，障害者とは「身体障害，知的障害，精神障害（発達障害
を含む）その他の心身の機能の障害がある者であって，継続的に日常生活や社
会生活に相当の制限を受けるもの」（第2条第1号，要約）と定義されてい
る。障害児とは，身体障害，知的障害，精神障害，治療法が確立していない難
病などの18歳未満の子どもをいう。

176　第11章　障害児の福祉

2 障害児の実態

障害児の実態は表11─1の通りである。

表11─1　障害児の人数

(単位：人)

障害種別	総数	在宅児童	施設入所児
身体障害児	71,000	68,000	3,000
知的障害児	221,000	214,000	7,000
精神障害児	276,000	273,000	3,000
合計	568,000	555,000	13,000

注：精神障害は20歳未満である。
(資料) 厚生労働省：障害者白書　令和元年

第2節　障害児の福祉

1 障害児福祉サービスの概要

(1) 障害児福祉サービスの範囲

　障害児の福祉サービスで日常生活や社会生活の部分は「障害者総合支援法」で給付が行われている。障害者福祉サービスは，「自立支援給付」と「地域生活支援事業」で構成され，次のようになっている（表11─2）。

(2) 障害者福祉の給付

　自立支援給付には「介護給付，訓練等給付，自立支援医療，補装具*」の4側面から障害者の自立支援を行い，自立に必要な給付が設けられている。

補装具
　身体障害児者の身体の部分的欠損や機能障害を補い，生活や職業生活を楽にするための用具。視覚障害児の義眼，眼鏡，点字器，肢体不自由児のための義肢，車いす，歩行器，収尿器，頭部保護帽など。

第2節　障害児の福祉　*177*

表11—2　障害者福祉サービス（市町村）

●自立支援給付

介護給付	訓練等給付
居宅介護（ホームヘルプ）	自立訓練
重度訪問介護	就労移行支援
同行援護	就労継続支援
行動援護	共同生活援助（グループホーム）
重度障害者等包括支援	**自立支援医療**
短期入所（ショートステイ）	更生医療・育成医療
療養介護*	精神通院医療
生活介護	注：実施主体は都道府県
施設入所支援	**補装具**

●地域生活支援事業

理解促進研修・啓発	手話奉仕員養成研修
自発的活動支援	移動支援
相談支援	地域活動支援センター
成年後見制度*利用支援	福祉ホーム*
成年後見制度法人後見支援	その他の日常生活または社会生活支援
意思疎通支援	
日常生活用具の給付または貸与	

　また，「地域生活支援事業」は，障害者の社会参加の促進を図るために必要な事業や障害者の理解を深める事業である。障害者の福祉給付は，「障害者の意向」と「障害支援区分」によって，給付を行う仕組みになっている。

療養介護

　障害者総合支援法における，障害福祉サービスの1つ。18歳未満の障害児は，児童福祉法に基づく施設給付の対象になる。主に昼間，病院やその他厚生労働省が定める医療機関で，機能訓練，療養上の管理，看護・日常生活上の世話，コミュニケーション支援等を行う。また，医療にかかわる部分はその対象から除かれる。

家族，友との交流機会も求められる。

成年後見制度

　認知症や知的障害，精神障害等で判断能力が不十分な成年者の財産と生活を守ることを目的とする。判断能力の状態に応じて，補助（軽度の人が対象），保佐，後見の3つに分かれる。家庭裁判所が補助開始の審判をして「補助人」

178   第11章　障害児の福祉

2 障害児福祉サービス

　児童福祉法による障害児の福祉サービスは，障害児通所支援と障害児入所支援の2種類である。

（1）障害児通所支援

　障害児通所支援は，障害のある子どもが自宅から施設に通って，地域で療育や支援が受けられる事業で，「児童発達支援センター，放課後等デイサービス，保育所等訪問支援，障害児通所支援」などがある。

① 児童発達支援センター

　児童発達支援センターは，6歳未満の障害児が生活能力の向上に必要な訓練や交流の促進を目的にしたセンターである。

　児童発達支援センターは，知的障害児等を対象に生活指導を主にした「福祉型児童発達支援センター」と肢体不自由児等を対象に生活指導と治療を主にした「医療型児童発達支援センター」がある。児童発達支援センターの実施主体は，市町村である。

② 放課後等デイサービス

　放課後等デイサービスは，6歳から18歳の障害のある就学児童で，授業終了後や学校の休日に生活能力の向上や必要な訓練，社会との交流促進等を行う事業である。実施主体は市町村である。

③ 保育所等訪問支援

　保育所に在籍または利用予定の障害児に対して，保育所等での集団生活の適応を図るための支援である。実施主体は市町村である。

を選任する。補助人には，預貯金の管理，重要な財産の処分といった法律上の代理権，取消権が付与される。毎年，家裁へ補助状況の報告義務がある。

福祉ホーム
　障害者を統合化した居住サービスの一環。障害者総合支援法で地域生活支援事業の1つに位置づけられる。軽度の障害者が低額な料金で居室，その他設備が利用でき，自立した日常生活，社会生活ができるよう支援することが目的である。居宅で生活することが困難な障害者で，利用者が5人以上必要，運営上は管理人を置くことなど，都道府県が条例で基準を定める，とされている。

（2）障害児入所支援

障害児入所支援とは，18未満の障害児を障害児入所施設で，障害程度に応じた適切な指導を行い，自立支援を行うことが目的である。

障害児入所施設には，知的障害児，盲ろうあ児などを対象に生活指導を主にした「福祉型障害児入所施設」と肢体不自由児，重症心身障害児などを対象に介護，生活指導，治療を主にした「医療型障害児入所施設」がある。障害児入所支援の実施主体は児童相談所である。

（3）居宅サービス

居宅サービスとは，在宅の障害児が自宅で自立に必要な介護や訓練が受けられるサービスである。居宅サービス（介護給付）には，居宅介護，短期入所，行動援護などがある。居宅サービスは，障害者総合支援法の自立支援給付で行われている。

居宅介護とは自宅で入浴，排せつ，食事などの介護が受けられるサービスであり，短期入所とは，自宅で介護をする人が病気などの場合，短期間障害児施設で入浴，排せつ，食事などの介護が受けられるサービスである。

行動援護とは，障害者が外出時に危険回避のため同行支援が受けられるサービスである。居宅サービスの実施主体は市町村である。

（4）在園期間の延長措置の見直し

18歳以上の障害児施設入所者は，障害者総合支援法に基づいて，障害者福祉サービスが受けられる。

180　第11章　障害児の福祉

3 障害者手帳と経済的負担の軽減

（1）障害者手帳と障害程度

① 障害者手帳

　障害者手帳は，障害者の福祉の向上（経済負担の軽減）を図るために，障害者に交付されている。障害者手帳の種類は，身体障害者には「身体障害者手帳」，知的障害者には「療育手帳」，精神障害者には「精神障害者保健福祉手帳」の３種類がある。

　障害者手帳の申請窓口は，市町村であるが，手帳の交付者は都道府県知事である（表11―3）。

② 障害程度

　障害者手帳は，手帳の提示で速やかにサービスが受けられる制度である。障害程度は，受けられるサービスの種別やサービスの量を決める尺度である。

　身体障害者手帳には「一種・二種」，障害程度は「1級，2級，3級，4

表11― 3　障害者手帳の概要

名　　称	身体障害者手帳	療育手帳	精神障害者保健福祉手帳
手帳交付者	知　事	知　事	知　事
判定機関	社会福祉審議会 （身体障害者部会）	児童相談所 知的障害者更生相談所	精神保健福祉審議会
判定医（者）	15条　指定医	児童心理司	医　師
障害程度	1級～6級	A（重度）B（その他）	1級～3級
手帳有効期限	無制限	2年	2年

級，5級，6級」が表示されている。一種は交通機関利用や公園等の入場時に障害者のみでなく介護者にも割引が適用できる表示である。障害程度は重度（1・2級），中度（3・4級），軽度（5・6級）の意味である。

療育手帳の障害程度は「A1（最重度），A2（重度），B1（中度），B2（軽度）」で表示されている。また，精神障害者保健福祉手帳の障害程度は「1級（重度），2級（中度），3級（軽度）」で表示されている。

（2）経済的負担の軽減措置

障害者の生活の安定を図るため，国や地方公共団体は障害者に対して，各種の経済的負担の軽減措置を行っている。障害者手帳の提示で軽減措置が受けられる。経済的負担の対象品目（一部）には，表11―4のようなものがある。

表11―4 障害者手帳による主な経済的負担の軽減措置

制度区分		サービスの内容	制度区分		サービスの内容
国の福祉サービス施策	税制	障害者控除（所得税・住民税）	都道府県・市町村の施策	税制	自動車税（取得税を含む）の減免
		事業税の非課税		手当等	障害者福祉手当の支給
		相続税の控除		医療	心身障害者医療助成制度の適用
		贈与税の控除		運賃割引	福祉タクシーの利用
	運賃割引	JR旅客運賃の割引			公営・民営の交通の割引
		航空運賃の割引		その他	公共施設の利用料減免
		有料道路料金の割引			心身障害者休養ホームの利用
	利用料	NHK放送受信料の減免			水道料金の減免
	その他	生活福祉資金の貸与			
		駐車禁止規制の適用除外			
		低料第3種郵便の承認			

第3節　障害児福祉の事例

【事例の概要】

　R君（13歳）は，G市特別支援学校中学部の1年生である。自閉症と診断され，重度の知的障害と判定されている。言語コミュニケーションは全くとれない。両親との3人暮らしである。

　生後間もなく，R君は，G市が福祉センターで月に1回開いている乳児クラブに母親と参加していたが，1歳を過ぎてもなかなかことばが出ず，2歳になる直前に，保育士と保健師の勧めで，母子が参加する「ぞうさん親子教室」へ移った。自閉症と診断されたのもこの頃である。グループセラピーに参加しても，R君はじっとしていることができず，虫に強い興味をもち，体操をしている時も，昆虫図鑑を放さなかった。

　特別支援学校の小学部に入学してからは，カードを使った行動訓練などが功を奏し，徐々に座っていられるようになった。しかし，通学バスに乗る時，父親と同じ赤い車を見るとそちらに走って行くので目が離せなかった。

【経　　過】

　小学部の終わりから中学部に入る頃にかけて，自転車に強いこだわりをもつようになり，始業時にも，教室に入ろうとしなかった。そこで，R君のことをよく理解している担任のK先生が，その日の予定を書いたボードを使って教室の入り口まで誘導することにした。「靴箱に靴を入れたらカードを抜いて次の場所に移動」と，「荷物を置いて，トイレに行く」を毎日繰り返した。

　父親は，R君が自転車に強い関心をもっていることに着目して，休みの日にはサイクリング・コースに出かけて自転車を楽しむことにした。初めの頃は，

第3節　障害児福祉の事例　*183*

沿道に気になる虫などを見つけると長時間立ち止まっていたが，父親の粘り強い声かけによって，少しずつ自転車の楽しさに目覚めていった。それまで，何事にも消極的で，他人ともコミュニケーションをとろうとしなかったR君だが，自転車に乗った次の日は，担任のK先生に笑顔でかかわるなど，表情や感情にも変化が現れた。その後，競技用の自転車を購入し，父親はサポートにつくことが多くなり，現在は，レースへの参加を目標にしている。

【援助のポイント】

　自閉症（自閉性障害）とアスペルガー障害（症候群）には，深い共通点があるが，相違点もかなりあることが分かっている。そして，「自閉性障害とアスペルガー障害の共通部分の特徴（対人的相互反応の障害／強迫的傾向）をもつすべての障害を統合する概念として，広汎性発達障害」[1]という枠組みが設けられた。この広汎性発達障害は，非常に多様で，一言で自閉症あるいはアスペルガー症候群という診断に基づいた援助の方法があるわけではない。

　R君は，強いこだわりのために，教室に座る，バスに乗る，トイレに行く，あるいは自転車に乗る等次の行動に移ることが難しい。また，重度の知的障害があるため言語コミュニケーションをとることができず，知的障害に配慮したかかわりも欠かせない。

　R君は，社会生活に必要な技術を身につけるため，担任のK先生が書いたカードを次の場所に移動させることで，次にすべきことが理解できるという訓練を行った。また，父親がこだわりを生かして得意なことに結び付け，積極性を引き出すことに成功した。

　発達の遅れや抱える課題に合わせて現在のニーズを設定し，取り組んでいくことはもちろん大切だが，自分自身が安定した地域生活を送れるように他者との関係を築いていくことが必要である。

■引用文献

1）十一元三：自閉症と広汎性発達障害②，みんなのねがい，Vol510，全国障害者問題研究会，2009

2）厚生労働省：障害者白書令和元年版，2019

第12章

子ども家庭福祉の動向と展望

第1節　連携のネットワーク

1　支援ネットワークの必要性

（1）ネットワークとは

　ネットワークという「ことば」は，情報通信や交通など，多くの業界で使用されている。社会福祉では，人とのつながりや組織のつながりによって社会的につくられた網の目，人と人，組織と組織の関係性や結びつきとしてとらえられている。保育，教育，療育，保健，医療などの機関における専門職で構築されるネットワークとは，「連携・協働」を国や地域，課題ごとに仕組みやシステムとして構築されたものである。これには，公に位置づけられたものから任意に位置づけられるものまである。ケース検討会議で行う連携・協働，連絡体制の構築などで行う連携・協働などさまざまである。

（2）ネットワークを築く専門職

　子どもとその保護者にかかわる専門職には，保育士，幼稚園教諭，地域子育て支援拠点のスタッフ，小学校教諭，中学校教諭，高等学校教諭，特別支援学校教諭，各学校の養護教諭，福祉事務所の生活保護面接相談員，医療機関の医療ソーシャルワーカー，教育委員会などに所属しているスクールカウンセ

スクールカウンセラー

　主として小・中学校で児童生徒・保護者，教師への相談を行う。児童生徒の不登校や問題行動への対応，心的外傷のある児童生徒のカウンセリングを行う。スクールカウンセラーになるには，①大学院修士課程修了者で心理臨床と児童相談業務を1年以上，②大学卒業者で心理臨床と児童相談業務を5年以上，③医師で心理臨

床と児童相談を1年以上の経験を有することのいずれかが必要である。

ラー*・スクールソーシャルワーカー*，保健所・保健センターの保健師，医療機関の助産師，男女共同参画推進センター*の相談員，女性相談所の相談員，医療機関の臨床心理士，児童相談所の児童福祉司，民生・児童委員，主任児童委員などがある。

　このうち，生活保護面接相談員は，福祉事務所と関係機関が連携・協働して支援しやすいようにするために，保健師，学校教職員，子ども相談センター職員などと連携・協働する。医療ソーシャルワーカーは，入院説明によって家族と本人に関わることで状況を把握し，退院後の生活で必要な支援を職場や学校などとやりとりして調整する。保健師は，支援が必要な家庭に関わり，解決のための仕組みづくりをする。助産師は，医学的立場で保護者に助言するとともに，母親の妊娠中から地域子育て支援拠点スタッフや保健師とつないでいく。男女共同参画推進センターでの子ども支援は難しいが児童相談所と連携・協働する。養護教諭は，子どもの体調上の変化があった時には医療関係者から対応に関する助言をもらう。子どもが入院中の場合は，病院に出向いてケース検討会議に参加する。子どもが送迎で学校に来ることが難しい場合は訪問指導をする。その際に，訪問看護担当者と連携して予定を組む等の対応をすることもある。虐待がある，母の体調不良が続き世話が難しい場合など，子どもの健康上で心配なことがある時には児童相談所などに相談するなどして外部機関につなぐ。児童相談所児童福祉司は，子どもとその保護者に対する相談援助，家庭・地域における子どもの養育を支援，地域での連携・調整をして専門職間の共通認識のもとで要保護児童対策地域協議会の設置運営，それによって地域の関連機関のネットワークを推進する（厚生労働省雇用均等・児童家庭局長，2017：71）。

　そして，スクールソーシャルワーカーは，子どもが学校生活を安定したもの

スクールソーシャルワーカー

　スクールカウンセラーとは異なり，いじめや不登校の課題が児童生徒と学校・家庭の関係によると考え，児童生徒と保護者・学校に対して支援を行う。課題を「環境との適合がうまくいかない状態」ととらえて対応する。よって，児童生徒と児童生徒を取り巻く環境に働きかける。特定の資格制度はなく，社会福祉士，精神

保健福祉士，元児童福祉施設の専門職，元教員などが多い。

男女共同参画推進センター

　男女共同参画推進センターとは，女性問題の解決，女性の地位向上・社会参画を目的として情報提供，相談，研究などをする総合的な施設である。

にするためには何が課題かを情報収集しながら把握し，事例に関わるほかの専門職ができることを理解し，提示することで役割分担ができるようにする。

2 法に基づくネットワーク

(1) 児童福祉法に基づくネットワーク

児童福祉法では，「地方公共団体は，単独で又は共同して，要保護児童の適切な保護又は要支援児童若しくは特定妊婦への適切な支援を図るため，関係機関，関係団体及び児童の福祉に関連する職務に従事する者その他の関係者により構成される要保護児童対策地域協議会を置くように努めなければならない」（第25条の2）と明記されている。要保護児童対策地域協議会は子どもを守る地域ネットワークともよばれ，地域における支援に関連する専門職が子どもとその保護者に関する情報を共有して連携するための協議会である。

それにより，要保護児童の早期発見・早期対応，共通理解，役割分担して個

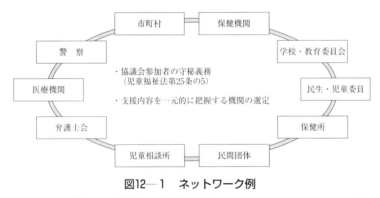

図12－1　ネットワーク例

（出典）厚生労働省「要保護児童対策地域協議会スタートアップマニュアル」の公表について，2007

別事例に関わることで，各機関の強みと限界を互いに理解することができる。要保護児童対策地域協議会では，地域における子どもの問題を中心に，虐待を受けた子どもの他に，障害のある子ども，非行児童などが協議の対象になっている。特に，子どもの非行に関わるネットワークには，要保護児童対策地域協議会のネットワークの他に，学校・教育委員会のネットワーク，警察のネットワークなどがある。

（2）次世代育成支援対策推進法に基づくネットワーク

次世代育成支援対策推進法では，「地方公共団体，事業主，住民その他の次世代育成支援対策の推進を図るための活動を行う者は，地域における次世代育成支援対策の推進に関し必要となるべき措置について協議するため，次世代育成支援対策地域協議会を組織することができる」（第21条）と明記されている。その次世代育成支援対策地域協議会には，行政計画を推進するための関係者間におけるネットワークが設置されている。

（3）子ども・子育て支援法に基づくネットワーク

子ども・子育て支援法第72条では，「内閣府に，子ども・子育て会議を置く」と明記されている。子ども・子育て会議では「関係行政機関の長に対し，資料の提出，意見の表明，説明その他必要な協力を求めることができる」（同法第75条）と明記されている。国は，有識者・地方公共団体・事業主・労働者の代表・子育ての当事者・子育て支援者等の意見を聞き，国の政策に参加できる体制を整えていくということである。

【事　例】

『平成29年版少子化社会対策白書』で示されている三菱UFJリサーチ＆コンサルティングによる2014（平成26）年における中・高生を対象とした意識調査では，乳幼児と触れ合う機会がない生徒の割合が72.7%であった。高校生に限

定すると82.2%であった。全国各地で開催されている「乳幼児ふれあい体験」は，少子化，核家族化が進行する中で生徒が乳幼児と触れ合うことのできる貴重な機会になっている。以下，同白書の事例内容より考察する。

【石川県内全域の高校で実施するための体制の構築】

　石川県は，高校生を対象に2013（平成25）年度から「乳幼児を育てている親とその子どもとの交流授業」を実施している。初年度は5校が実施したが，学校の理解を得ることになり2016（平成28）年度は23校で行われた。

　ネットワークの中心は，公益財団法人石川結婚・子育て支援財団の3名の職員（コーディネーター）であった。それに，市町保健センター保健師（各2名），高校の養護教諭と家庭科担当教員，教育委員会社会教育担当職員によって，ネットワーク会議が開かれた。県は，本事業を地域少子化対策強化交付金で実施した。

　取り組みを進めていく中で，①効率的かつ効果的なプログラムの作成，②実施する学校側の体制構築，③参加する乳幼児親子の確保，という課題が浮かび上がった。特に，②については，家庭科教諭とともに指導観点や教育現場での実情を踏まえた検討を行ったことで，学校から理解を得やすくなった。

　2016（平成28）年度から「ファミリーバンク」を運用して保護者がスマートフォンから参加申込みができるようにしている。同年度末時点では約300組の親子が「ファミリーバンク」に登録していた。

　生徒からは，「命の大切さを感じた」「勇気をもらった」「やりがいがある」などの感想があり，自分の将来に向けて考えるきっかけになっている。それぞれのネットワークの面からも事業の効果がみられている。大学の社会福祉専門の研究者にもアドバイスをもらい，体制充実を図っている。

【考　　察】

　このネットワーキングについては，調整力が必要である。事前・事後会議ではグループワークの技術も求められる。コーディネーターはメンバーそれぞれの役割を把握して進行することができている。

3　支援ネットワークの意義

（1）全国保育士会倫理綱領より

　全国保育士会倫理綱領では，子ども・子育て支援の充実を図るために，職場におけるチームワークや子ども・子育て支援に関係する他専門機関とのネットワークを重視することが謳われている。それにより，支援者が，状況を把握することになり，子ども・子育て家庭の立場に立った支援をすることができるようになる。地域住民，関係機関・施設・団体における専門職とともに子育て支援をするためにネットワークを構築することで，地域で子どもを育てる環境をつくることができるようになる。

（2）保育所保育指針より

　保育所保育指針（2017（平成29）年告示）では，子どもの保育の他に保護者支援，地域における子育て支援の重要性が示されている。そのために，保育士は，地域との連携・家庭との連携・他専門職との連携により，ネットワークを構築していく必要がある。地域との連携のメリットは，災害時などに協力を得ることができる。家庭との連携へのメリットは，家庭での子どもの様子を保育士が理解する，保育場面での子どもの様子を保護者が理解することになり，情報共有を図ることができる。専門職との連携，特に医療関係者との連携ではアレルギーへの対応方法などについての助言指導を仰ぐことができる。これらの関係者とのネットワークの構築は，見立てを充実させ，子育て支援・保育の充

190 第12章 子ども家庭福祉の動向と展望

実をもたらすことになる。以下，事例により考察する。

【事　例】

　新太郎（5歳）（仮称）は，ネフローゼ症候群でA市内のB病院で約1年間入院していたが，現在は退院して幼稚園へ通園している。ネフローゼ症候群は難病のひとつで，治癒したとはいえ予後が大切である。また，新太郎は，軽度の知的障害（ダウン症）でADL（日常生活動作）のうち，食事（スプーンは使えるが，箸は不自立），排せつ（小便自立，大便の後始末が難しい），入浴（洗髪が難しい，保護者と一緒の入浴でないと不安）に一部介助が必要である。コミュニケーションは，片言交じりの幼児語だが理解できる。よって，幼稚園では食事の時に職員の介助があれば園生活でとくに過ごしにくさを感じることはない。性格は明るく，穏やかでグループ遊びができる。

　本児退院時，B病院の医療ソーシャルワーカーが中心になり，主治医，看護師，C保健センター保健師，幼稚園園長・主任教諭，児童相談所が情報提供をしあい，本児の様子を詳細に理解することになった。特に，退院後は幼稚園に通うことになるので幼稚園園長がさらに状況把握に努めた。

　そして，新太郎の母親が参加してネットワーク会議が開かれた。母親はこれまで主治医から，退院後のことについてはたびたび聞いているので，幼稚園での生活は，食事指導が中心であると考えていた。そのとき，新太郎が薬の副作用で，肥満状況にあるので，園長は主治医に尋ね，必要な配慮について情報収集をしていた。

　1か月半後に医療ソーシャルワーカーの呼びかけで，2回目の会議が開かれる予定である。保健センター保健師は，本児が退院して1か月後に家庭訪問して，食事，日常生活の様子を母親と相談し，母の不安を理解して助言している。

第2節　子育て支援活動　*191*

【考　　察】

　この事例は、3回目の会議からコーディネーターが幼稚園に移る。本児が、年少組に所属して2か月ほどは通園していたことがあるので、ダウン症児の対応も、本人の状況も大体把握していたようである。また、園長は、保護者、児童相談所へ2,3回訪問して受容的に双方の話を聞きながら、情報収集に努め、アセスメントしている。今後も、面接力や家族療法の知識や技術が必要になる。

（3）社会的養護分野でのネットワークの意義

　「児童養護施設運営指針」では、関係機関と連携し情報共有できると示されている。学校との連携、地域交流、地域支援をすることで、子どもの自立支援、また、子育て支援の充実を図ることができる。

第2節　子育て支援活動

■1 これまでの少子化対策の経緯

　2012（平成24）年8月に子ども・子育て支援関連3法（p.109参照）が制定された。同時に、「待機児童ゼロ作戦」、「待機児童解消加速化プラン」が策定された。2014（平成26）年7月には、「放課後子ども総合プラン」が策定され、共働き家庭などにおける子どもの小学校就学後の放課後における居場所確保がめざされた。2015（平成27）年3月20日の「少子化社会対策大綱」では、結婚・子育て支援策の充実、若い年齢での結婚・出産希望の実現、多子世帯への配慮、男女の働き方改革、地域の実情に即した取り組みの強化が重点課題となった。国の少子化対策動向は、次のようになっている（図12―2）。

第12章　子ども家庭福祉の動向と展望

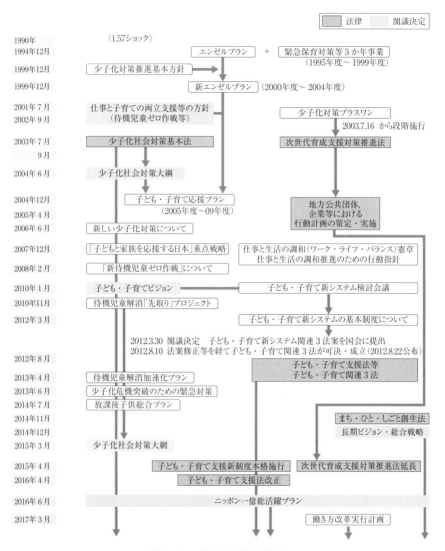

図12－2　少子化対策の動向

(内閣府『平成29年版少子化社会対策白書』をもとに作成)

2 子育て支援の課題と展望

2015（平成27）年4月には，子ども・子育て支援の新たな制度が施行された。また，国は「子ども・子育て支援法」を改正し，地域型保育事業設置者への助成事業の創設，仕事と子育ての両立支援等が明記された。

これら一連の子ども・子育て支援の新たな制度によって，少子化対策の充実が図られてきた。

少子化対策に必要なことは，子ども・子育て支援対策の充実であり，妊娠中からの支援である。その支援の充実を図るために必要なことは次のとおりである。

第1に，子ども・子育て支援新制度の円滑な実施である。それには，「地域の実情に応じた幼児教育・保育・子育て支援の質・量の充実」と「地域のニーズに対応した多様な子育て支援の充実」をもたらす必要がある。

第2に，待機児童の解消である。それには，「『待機児童解消加速化プラン』の推進」，「『保育人材確保対策』の推進」をもたらす必要がある。

第3に，「小1の壁」の打破である。それには，「放課後子ども総合プランの推進」，「放課後児童クラブの充実」をもたらす必要がある。

■参考文献

1）内閣府編：少子化社会対策白書　平成29年版，2016
2）厚生労働省：要保護児童対策地域協議会設置・運営指針「第1章　要保護児童対策地域協議会とは」，2017
3）西尾祐吾監修，小崎恭弘，藤井薫編：第3版　子ども家庭福祉論，晃洋書房，2017
4）厚生労働省雇用均等・児童家庭局長通知：「市町村子ども家庭支援指針」（ガイドライン）について，雇児発0331第47号，2017
5）保育福祉小六法編集委員会編：保育福祉小六法　2018年版，みらい，2018
6）厚生労働省：児童養護施設運営指針，2012

索　引

〔あ行〕

アヴェロンの野生児…………58
アスペルガー症候群 …158,183
アタッチメント…………19
アリエス…………41
アルメーダ…………46
イースト・エンド救済施
　設…………57
育児院 …………46,48
育児休業法…………52
池上雪枝…………48
池田太郎…………54
意見表明権…………34
石井十次 …………47,53
石井亮一…………48,54
遺族基礎年金 …………134
遺族厚生年金 …………134
一時保育…………145
一時保護…………74,127
1歳6か月児健康診査…105
糸賀一雄…………54
医療型児童発達支援セン
　ター…………86
医療型障害児入所施設………86
ヴィッヘルン…………40
ウェルビーイング …………15,16
ウェルフェア…………15
叡尊…………45
エミール…………55
エリザベス救貧法…………37
エレン・ケイ…………41
エンゼルプラン…………51,140
延長保育 …………145
オーエン …………39,56
近江学園…………54
大型児童館…………111
岡山孤児院 …………47,53

〔か・き〕

カーティス委員会…………43
カーペンター…………40
街区公園…………115
介護保険法…………12
核家族…………11
学習障害…………159
学童保育…………11
家庭学校…………48,53
家庭裁判所 …………165
家庭支援専門相談員 …………153
家庭児童相談室…………77
家庭相談員…………77
寡婦…………66,132
感化院…………47
感化法…………48
緘黙症…………158
基本的人権…………31
虐待児個別対応職員…………99
救護法…………49
救貧法学園…………39
窮民御救起立…………46
矯正学校…………40
京都白川学園…………48
業務独占…………92

〔く―こ〕

ぐ犯少年…………162
ケイ…………41
経営主体…………28
限界集落…………8
健康診査…………105
健全育成…………110
権利…………21
高学歴社会…………9
合計特殊出生率…………2
工場法…………39,48
厚生労働省…………70

行動綱領…………91
高度経済成長…………1
高齢化率…………7
小型児童館…………111
孤女学院…………54
子育て支援 …………139,191
子育て世代包括支援セン
　ター …………129
子ども虐待 …………121
子ども・子育て応援プラ
　ン …………141
子ども・子育て支援関連3法
　…………109,191
子ども・子育て支援新制度
　…………15,193
子ども・子育て支援法
　…………109,187
子どもの見解の重視…………34
子どもの生活・学習支援
　事業…………113
子どものための世界サ
　ミット…………44
子どもの貧困対策の推進
　に関する法律…………70
子どもの貧困率…………132
子ども・若者育成支援推
　進法…………110
コミュニケーションの障
　害…………159
コルチャック …………33,59

〔さ・し〕

里親制度 …………170
産業革命…………38
3歳児健康診査 …………105
ジェネラリスト・ソー
　シャルワーカー …………114
信楽学園…………54
子権…………34

次世代育成支援対策推進法……69, 109, 187	児童福祉法 ……49, 62, 129, 186	情緒障害児 …………………158
七分積金……………………46	児童福祉6法………………66	小児慢性特定疾病 …………106
実践主体……………………28	児童扶養手当法……………66	少年 …………………24, 63
児童……………17, 24, 63	児童ふれあい交流促進事業……111	少年教護法…………………49
児童委員……………………77		少年法………………70, 162
児童家庭支援センター …76, 87	児童文化財…………………118	触法少年……………………162
児童館 ……………………111	児童法………………40, 43	助産施設……………………80
児童期………………………17	児童保護法…………………43	自立支援……………………162
児童虐待 …………………121	児童遊園……………………115	自立支援医療………………106
児童虐待の防止等に関する法律…………68, 121	児童養護施設付……85, 154	自律支援給付………………176
	自閉症 ……………158, 183	新エンゼルプラン …………141
児童虐待防止対策法…………42	自閉スペクトラム症 ………158	新救貧法……………………39
児童虐待防止法………………49	社会契約論…………………55	神経症 ……………………158
児童憲章 ………………42, 50	社会事業法…………………49	神経症的行動………………158
児童健全育成………………108	社会性の障害………………159	親権…………………………26
児童厚生施設………85, 111	社会的養護…………………150	人権…………………………32
児童指導員………………95, 96	社会福祉主事………………95	人口減少社会…………………1
児童自立支援施設………87, 166	社会福祉法人………………78	人口動態統計…………………5
児童自立支援専門員…………99	社会保障制度…………………7	親族里親……………………171
児童心理司…………………94	シャザル……………………21	身体障害者手帳……………180
児童心理治療施設………86, 160	就学前の子どもに関する教育, 保育等の総合的な提供の推進に関する法律……………85, 145	心理療法を担当する職員 …100
児童生活支援員………………99		
児童センター ……………111		〔す—そ〕
児童相談所 ………73, 93, 163		スクールカウンセラー ……184
児童手当……………………50	住民基本台帳…………………1	スクールソーシャルワーカー……185
児童手当法…………………67	恤救規則……………………47	
児童の遊びを指導する者………98, 114	受動的権利 ………………22, 33	スティグマ …………………131
	ジュネーヴ児童権利宣言……43	棄児養育米給与方…………47
児童の権利…………………21	障害児………………63, 175	ストレングス ………………157
児童の権利宣言………………44	障害児通所支援 ……………178	性格形成学院………………56
児童の権利に関する条約………………22, 33, 44	障害児入所支援 ……………179	政策主体……………………27
	障害児入所施設………………86	精神障害者保健福祉手帳…180
児童の最善の利益……………34	障害児福祉手当………………66	青年期………………………17
児童の世紀…………………41	障害者総合支援法………68, 176	成年後見制度 ………………177
児童発達支援センター…86, 178	障害者手帳…………………180	生理学的教育………………58
児童福祉司…………………94	障害程度 …………………180	政令指定都市………………72
児童福祉施設………………78	小家族化……………………11	世界人権宣言………………43
児童福祉施設最低基準………87	小規模住居型児童養育事業……65	セガン………………………58
児童福祉施設の設備及び運営に関する基準…………87		世代間連鎖……………………7
	少子化社会対策基本法………68	接近禁止命令………………127
	少子高齢社会…………………4	全国保育士会倫理綱領 ……189
児童福祉審議会………………72	小舎夫婦制………53, 87, 167	戦災孤児等保護対策要綱……49

196 索 引

先天性代謝異常等検査 ……103
専門里親 ………………171
ソーシャルワーク………28
措置………………………64
措置変更 …………………153

〔た・ち〕

第1次ベビーブーム ……3
待機児童 ……………142, 147
第2次ベビーブーム ……3
滝乃川学園 ……………48, 54
託児所……………………48
田村一二 ………………54
男女雇用機会均等法 ……147
男女共同参画推進センター
……………………………185
地域子育て支援拠点事業 …109
地域子育て支援センター
……………………………146, 148
地域生活支援事業 ………177
地域組織活動 …………116
小さな大人 ……………41
中核市……………………72
懲戒権 …………………121
聴聞の保障……………34

〔つ—と〕

つぼ型 ……………………5
ディケンズ ……………38
デニス・オニール事件………43
東京感化院………………48
東京府養育院……………47
ドゥメッツ ……………40
特別児童扶養手当等の支
　給に関する法律…………66
特別障害者手当…………66
特別法…………………68
徒弟……………………37
徒弟法…………………38
ドム・シュロット………59
留岡幸助 ……………48, 52

〔な行〕

ナシュ・ドム……………59
乳児 ……………………24, 63
乳児院 …………………84, 152
乳児期 …………………17
乳児健康診査 …………105
乳児死亡率 ……………101
認可外保育施設 ………143
妊産婦 …………………24, 63
妊産婦健康診査 ……101, 105
妊産婦死亡率 …………102
忍性……………………45
妊娠高血圧症候群 ……106
認定こども園……………85, 143
認定こども園法…………85, 145
ネットワーク …………184
能動的権利 ……………22, 33

〔は・ひ〕

バーナード ……………40, 56
パーマネンシー・ケア …153
配偶者からの暴力の防止
　及び被害者の保護等に
　関する法律…………69
売春防止法………………69
博愛事業………………39
発達……………………19, 20
発達検査 ………………107
発達障害 ………………158
発達障害者支援センター …149
発達障害者支援法………68
発達段階………………17
母親クラブ ……………117
犯罪少年 ………………162
反社会的行動 …………158
非行 ……………………162
非社会的行動 …………158
日田養育館………………47
悲田院…………………45
ひとり親家庭 …………131
非人小屋………………46

〔ふ・へ〕

病児保育 ………………145
ひょうたん型……………5
ピラミッド型……………4
びわ湖学園………………54
貧困戦争………………42

ファミリーソーシャル
　ワーカー ……………153
ファミリーホーム ……150
複合収容…………………49
福祉型児童発達支援セン
　ター……………………86
福祉型障害児入所施設………86
福祉事務所………………76, 95
福祉ホーム ……………177
福祉倫理………………91
父子家庭…………………133
不妊専門相談センター ……106
分離不安………………161
ベヴァリッジ報告………43
ペスタロッチ……………57
ヘッド・スタート………42

〔ほ〕

保育サービス …………142
保育士 …………………95, 96
保育所……………………84, 142
保育所等訪問支援 ………178
保育所保育指針 ………189
放課後子ども総合プラン …115
放課後子どもプラン ……115
放課後児童クラブ…64, 116, 145
放課後児童クラブ運営指
　針………………………116
放課後児童健全育成事業
　……………………64, 109, 115
放課後児童支援員 ……116
放課後等デイサービス ……178
封建社会…………………36
冒険遊び場……………117
法律による行政の原理………62

索　引　*197*

ボウルビィ･･････････････43
保健師･･････････････96, 105
保健指導･･････････････105
保健所･･････････77, 95, 103
保健センター･････････103
保護期間･･････････････127
保護者･･････････････････63
保護処分･･････････････165
母子及び父子並びに寡婦
　福祉法･･････････66, 134
母子家庭･･････････････131
母子家庭等･･･････66, 134
母子健康手帳･････････103
母子支援員････････････98
母子生活支援施設･･････84, 136
母子・父子自立支援員･･････95
母子保健･･････････････101
母子保健法･･････････････67
母子保護法･･････････････49
ホスピタリズム･･････････43
補装具･･････････････････176
ホワイトハウス会議･･･41, 42

〔ま行〕

前田綱紀･･････････････････46
マズロー･･････････････････20
町会所･･････････････････46
松方正義･･････････････････47

松平定信･･････････････････46
未熟児養育医療･･････････106
三子出産ノ貧困者へ養育
　料給与方･･････････････47
3つのS･･････････････････28
3つのP････････････28, 44
ミラーソン･･････････････91
民法･････････････････････70
無能貧民･･････････････････37
メアリー・カーペンター･･40
名称独占･･････････････････92
メットレー感化院･･････････40
面会・通信の制限･･･････127
面全DV･･････････････････124

〔や—よ〕

有能貧民･･････････････････37
養育里親･･････････････････170
養育能力･･････････････････126
養護施設運営要領･･････････90
幼児･････････････････24, 63
幼児学校･･････････････････56
幼児期･････････････････････17
要扶養児童家族扶助･･････････42
幼保一体化･････････････････85
要保護児童･････････25, 150
幼保連携型認定こども園･･････85
養老律令･･････････････････45

〔ら行〕

リービングケア･･････････157
療育手帳･･････････････････180
利用者支援事業･･････････113
療養援護･･････････････････106
療養介護･･････････････････177
臨検･･････････････････････127
倫理上のジレンマ･･･････91
ルソー･･････････････････････55
劣等処遇の原則･････････････39
労役場･･････････････････････38

〔欧文〕

AFDC･･････････････････････42
infant school･･････････････56
philanthropy･････････････39
popularization･･････････29
prevention･･･････････････29
promotion･･･････････････29
Rauhe-Haus･･････････････39
substitute･････････････････30
supplement･･････････････30
support･･････････････････29
VYS･･････････････････････117
workhouse･･･････････････38

〔編著者〕 執筆担当

赤木正典（あかぎまさのり）　関西福祉大学特任教授　第3章第2節, 第4章, 第10章第1節, 第5節

流王治郎（りゅうおうじろう）　環太平洋大学名誉教授　東京経営短期大学教授　第1章, 第5章, 第9章, 第10章第3節

〔著　者〕（執筆順）

八重樫牧子（やえがしまきこ）　福山市立大学名誉教授　第2章第1・2節, 第6章

栗山直子（くりやまなおこ）　追手門学院大学経済学部准教授　第2章第3節, 第2章第5節5〜10

橋本勇人（はしもとはやと）　川崎医療福祉大学医療福祉学部教授　第3章第1節, 第8章

佐伯文昭（さえきふみあき）　関西福祉大学社会福祉学部特任教授　第3章第3節

山川宏和（やまかわひろかず）　京都華頂大学現代家政学部准教授　第7章, 第11章

浦田雅夫（うらたまさお）　京都造形芸術大学芸術学部教授　第10章第2節

中　典子（なかのりこ）　中国学園大学子ども学部准教授　第10章第4節, 第12章

子ども家庭福祉論

| 2018年（平成30年）8 月31日 | 初 版 発 行 |
| 2019年（令和元年）11月25日 | 第 2 刷発行 |

編著者	赤 木 正 典
	流 王 治 郎
発 行 者	筑 紫 和 男
発 行 所	株式会社 建 帛 社 KENPAKUSHA

112-0011 東京都文京区千石 4 丁目 2 番15号
T E L （03）3 9 4 4 - 2 6 1 1
F A X （03）3 9 4 6 - 4 3 7 7
https://www.kenpakusha.co.jp/

ISBN 978-4-7679-5084-6　C3037　　　　亜細亜印刷／田部井手帳
©赤木正典・流王治郎ほか，2018.　　　　Printed in Japan
（定価はカバーに表示してあります）

本書の複製権・翻訳権・上映権・公衆送信権等は株式会社建帛社が保有します。
JCOPY 〈出版者著作権管理機構　委託出版物〉
本書の無断複製は著作権法上での例外を除き禁じられています。複製される
場合は，そのつど事前に，出版者著作権管理機構（TEL 03-5244-5088，
FAX 03-5244-5089，e-mail：info@jcopy.or.jp）の許諾を得て下さい。